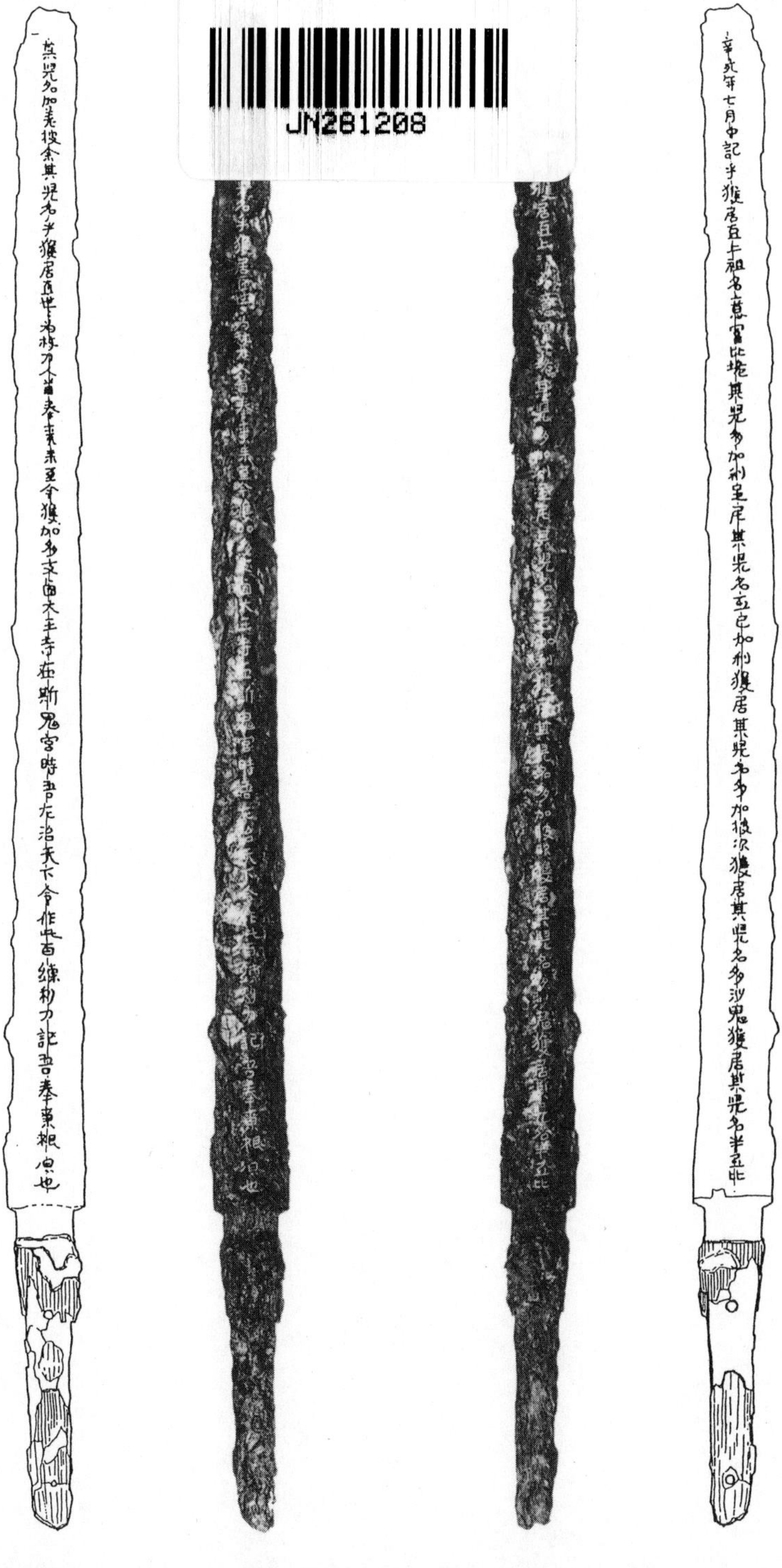
辛亥年七月中記乎獲居臣上祖名意富比垝其児多加利足尼其児名弖已加利獲居其児名多加披次獲居其児名多沙鬼獲居其児名半弖比
其児名加差披余其児名乎獲居臣世々為杖刀人首奉事来至今獲加多支鹵大王寺在斯鬼宮時吾左治天下令作此百練利刀記吾奉事根原也

監修者——五味文彦／佐藤信／高埜利彦／宮地正人／吉田伸之

［カバー表写真］
埼玉古墳群

［カバー裏写真］
江田船山古墳出土冠帽

［扉写真］
稲荷山古墳出土鉄剣と鉄剣銘
表(右)・裏(左)

日本史リブレット 5

大王と地方豪族

Shinokawa Ken
篠川 賢

目次

はじめに

本書に与えられた課題は、大王《だいおう》(おおきみ)と地方豪族の関係を立体的に明らかにする、ということである。ここでいう「大王」は、天皇号が成立する以前の日本列島の君主を指している。「日本」の国号が成立するのも、天皇号とほぼ同時期と考えられており、それ以前の国号は「倭《わ》」である。したがって大王は、倭国の王を指す呼称ということになる。

もちろん、大王を称したのは倭国の王に限らない。古代朝鮮半島諸国の王も大王を称したことがあるし、ほかにも大王と呼ばれた王は多い。また「大王」という語は、「王」に美称の「大」をつけた尊称であり、正式な君主の称号ではないとの見方もある。たしかに、後世の史料ではあるが、天皇(大王)ではない皇族

(王族)を指して「大王」と呼んだ例もある。たとえば、天寿国繡帳《てんじゅこくしゅうちょう》銘▲には、敏《び》達《だつ》天皇(在位五七二〜五八五)の子の尾張《おわり》皇子を指して「尾治大王」と記している。

しかし、五世紀後半段階の倭国の王が、国内において実際に「大王」と呼ばれたことは、その当時の金石文▲に明らかである。「大王」を正式な君主号とみることには問題もあるが、ここでは、一般に用いられているとおり、天皇号成立以前の倭国の王を「大王」と称することにしたい。

倭国の王、すなわち倭国全体を代表する王(大王)が登場してから、天皇号が成立するまでというと、おそらく三世紀後半から七世紀末頃までの年代が与えられるであろう。考古学でいう古墳時代にほぼ相当する時代である。天皇号の成立年代については、かつては推古《すいこ》朝(七世紀初頭)とする説が有力であったが、近年では天武《てんむ》朝(七世紀末)とするのが一般的である。天武朝は律令《りつりょう》制度の整備が進んだ時期であり、右の大王の時代は、律令国家が形成される以前の「大和《やまと》政権の時代」ということもできる。

本書では、この時代のすべてを対象にするのではなく、そのうちの五、六世紀を中心に述べることにしたい。五世紀といえば、大王をはじめ各地の豪族が

▼天寿国繡帳銘　聖徳太子の死後、妃の橘大郎女《たちばなのおおいらつめ》が太子の天寿国での姿をしのんで作らせたという繡帳にある銘文。平安時代に編集された聖徳太子の伝記である『上宮聖徳法王帝説《じょうぐうしょうとくほうおうていせつ》』に引用されている。奈良県中宮寺《ちゅうぐうじ》に一部現存。

▼金石文　金属や石に刻まれた文字・文章。ここでは、のちに取りあげる埼玉県稲荷山《いなりやま》古墳出土の鉄剣銘、および熊本県江田船山《えたふなやま》古墳出土の大刀銘を指している。

大規模な古墳を築造した時期であり、六世紀は、地方豪族の反乱や、中央における蘇我《そが》氏と物部《もののべ》氏の争いなどが生じた時期である。

しばらく前までは、五世紀は大和政権の最盛期、六世紀はその動揺期とみるのがふつうであった。六世紀の動揺期をうけて、七世紀はじめに聖徳太子《しょうとくたいし》の新政が行なわれ、七世紀中頃の大化改新《たいかのかいしん》をへて律令国家が形成されていく、という流れで理解されてきたのである。

しかし今日では、「聖徳太子の新政」や「大化改新」といった見方に再検討が加えられるいっぽう、五、六世紀の評価についても、六世紀こそが大和政権の支配組織が整えられていった時期である、との見方が広く行なわれるようになった。本書もその立場に立っている。

本書では、まず五世紀の倭の五王の時代の倭王(大王)と地方豪族の関係について述べ、ついで五世紀後半の金石文の検討、『古事記《こじき》▲』『日本書紀《にほんしょき》▲』(記紀《きき》)に六世紀代のこととして記される反乱伝承の検討を行ない、最後に大和政権の地方支配について取りあげることにしたい。

五世紀代までの大王と地方豪族の関係、六世紀以降の大和政権の地方支配制

▼古事記　太安万侶《おおのやすまろ》が七一二(和銅《わどう》五)年、元明《げんめい》天皇に献上した歴史書。上・中・下の三巻からなり、神代から推古《すいこ》天皇までの記事がある。序文(上表文)が付されており、それによれば、天武《てんむ》天皇の命により稗田阿礼《ひえだのあれ》が誦習した帝紀《ていき》・旧辞《きゅうじ》を太安万侶が撰録したという。

▼日本書紀　舎人《とねり》親王らによって編纂された勅撰の歴史書。中国にならって編纂された正史である六国史《りっこくし》の第一。七二〇(養老《ようろう》四)年成立。紀三〇巻、系図一巻からなり、神代から持統《じとう》天皇までの記事がある。ただし系図は今日に伝わっていない。原資料としては、帝紀・旧辞をはじめ、中国・朝鮮の書物、寺院・氏族・個人の記録など、多くのものが用いられている。

度が整えられたのちの両者の関係、その違いや、あるいは変わらなかった点などを明らかにできればと考えている。

①—倭の五王と地方豪族

倭の五王の外交

五世紀、中国は南北朝時代にあったが、倭国の王は、その南朝の宋《そう》と交渉をもった。『宋書』▲によれば、讃《さん》・珍《ちん》・済《せい》・興《こう》・武《ぶ》の五人の王が、あいついで使いを送っている。

当時の倭王と宋の皇帝との関係は、倭王からは宋の皇帝に朝貢の使者を出し、宋の皇帝からは倭王に中国の官爵を授け、倭国の王に封ずるというものであった。倭王は中国皇帝の臣下となるが、いっぽうでは倭国の王としての地位を皇帝から認められたのである。このような関係は、倭王に限らず、中国周辺諸国の王の多くが中国皇帝と結んだ関係であり、東アジア世界におけるこの国際関係を、冊封《さくほう》体制と呼んでいる。

それは、中国の中華思想・王化思想▲に基づいた国際秩序であったが、かならずしも安定したものではなかった。中国皇帝と冊封関係を結ばない王もいたし、いったん結んでも、のちに自主的にそれを破棄することもあった。また倭の五

▼宋書　中国南朝宋(四二〇～四七九、東晋《とうしん》の武将劉裕《りゅうゆう》が建国)の正史。全一〇〇巻。沈約《しんやく》により、紀一〇巻と列伝六〇巻が四八八年に撰上された。志三〇巻はのちの成立。文帝《ぶんてい》紀・孝武帝《こうぶてい》紀・順帝《じゅんてい》紀と、夷蛮伝の倭国の条(通常、倭国伝と呼ぶ)に、倭の五王についての記事がある。

▼中華思想・王化思想　中国固有の自国を全世界の中心とする思想を、中華思想という。華夷思想ともいい、みずからを華夏・中華と称し、儒教でいう礼《らい》に基づいた文明社会であるとし、周辺諸国・諸民族は、礼を知らない野蛮な夷狄《いてき》であるとして区別する。王化思想をともなうことを特徴とし、中国の君主は徳《とく》をそなえていなければならず、その徳を周辺諸国におよぼすことにより支配を広げ、周辺諸国に礼を知らしめなければならないとする。

王の時代は、中国自体が南北両朝に分かれていたのであり、東アジア世界の国際情勢は、かなり複雑で流動的であったといってよい。

倭の五王についての記述は、『宋書』倭国伝にもっとも詳しいが、『宋書』の帝紀にも記事があり、また『晋書《しん》』『南斉書《なんせい》』『梁書《りょう》』などにも関係記事が載せられている。それらを合わせると、倭の五王と中国との交渉は一三回を数え、宋だけではなく、晋(東晋)・南斉・梁などの南朝各王朝と交渉があったことになる。

しかし、四七九(建元《けんげん》元)年と五〇二(天監《てんかん》元)年の武の進号については、いずれも南斉王朝・梁王朝の成立にともなう祝賀的・形式的進号であり、武からの遣使はなかったものとみられている。また四一三(義熙《ぎき》九)年の東晋への朝貢についても、高句麗《こうくり》が捕虜にしていた倭人を倭国からの使者に仕立てたとする説がある。後者の説はなお確定的ではないが、武の遣使が上表文をともなった四七八(昇明《しょうめい》二)年の遣使をもって終わったことは、上表文の内容からも確かであろう。

上表文では、高句麗を討つための援助を宋に求めており、もしそれがかなえられれば、これまでどおり朝貢を続けると述べている。つまり、そうならなか

▼**晋書**　中国晋朝(西晋、二六五〜三一六、東晋、三一七〜四二〇。魏《ぎ》のあとをうけて司馬炎《しばえん》が建国した西晋は三一六年、匈奴《きょうど》に滅ぼされ、翌年、司馬睿《えい》が江南の地に晋朝を再興)の正史。全一三〇巻。唐《とう》の太宗《たいそう》の勅命(六四六年)をうけ、房玄齢《ぼうげんれい》らにより撰上。東晋の安帝《あんてい》紀に倭国からの貢物の記事がある。

▼**南斉書**　中国南朝斉(四七九〜五〇二、宋の武将蕭道成《しょうどうせい》の建国)の正史。全五九巻。梁《りょう》の天監《てんかん》年中(五〇二〜五一九)に、蕭子顕《しけん》が撰上。東南夷伝倭国の条に、武の進号の記事がある。

▼**梁書**　中国南朝梁(五〇二〜五五七、南斉の皇帝一族の蕭衍《えん》の建国)の正史。全五六巻。唐の太宗の勅命(六二九年)をうけ、姚思《ようし》廉《れん》が六三六年に撰上。武帝紀と、東夷伝の倭の条に倭王についての記事がある。

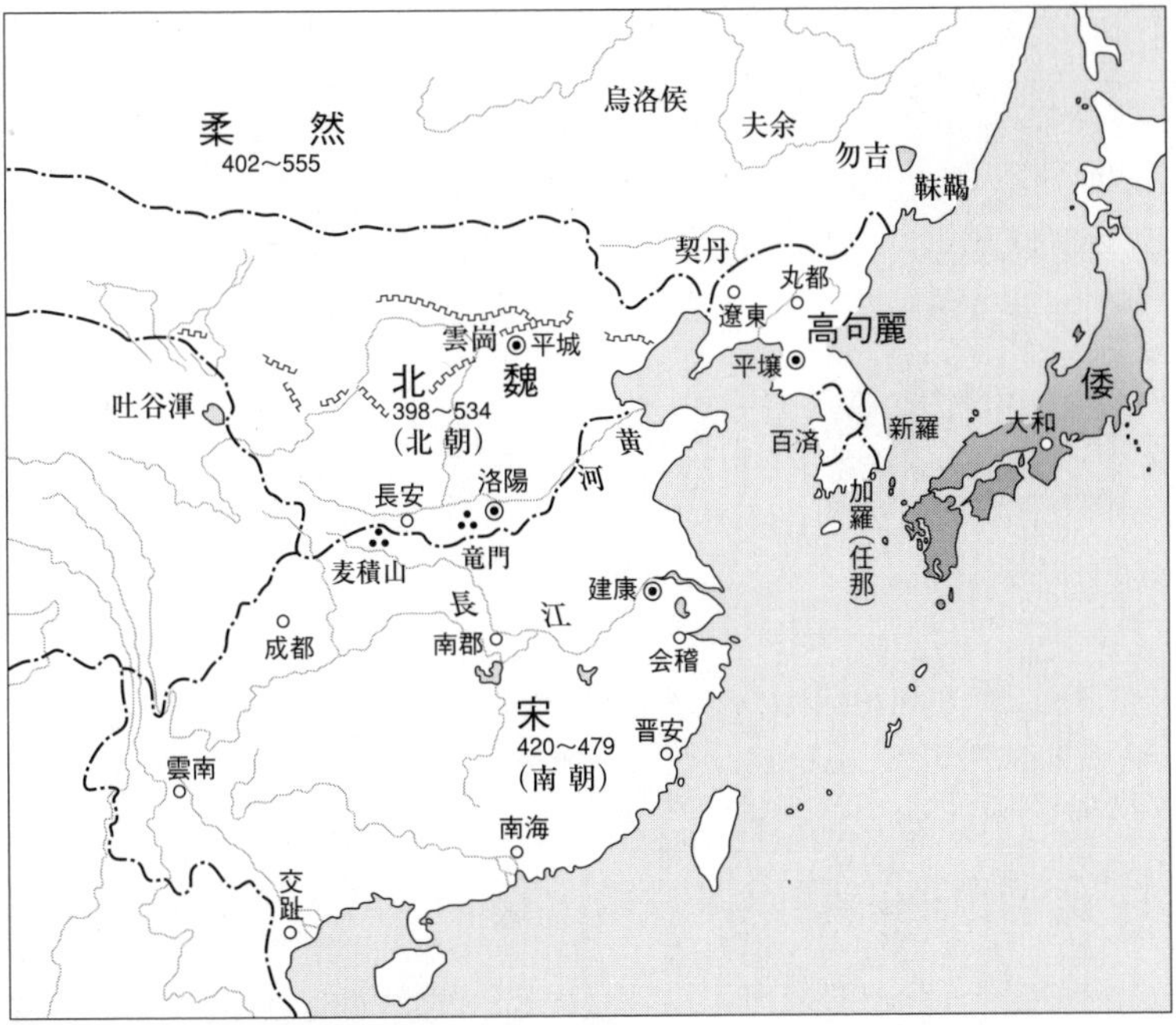

●—倭の五王の時代の東アジア

年代	倭王名	記事内容	出典
413	(倭国)	献物	『晋書』帝紀
421	讃	修貢、叙授を賜うべしとの詔	『宋書』倭国伝
425	讃	遣使上表、献物	『宋書』倭国伝
430	(倭国王)	遣使献物	『宋書』帝紀
438	珍	遣使、安東将軍叙爵、倭隋ら13人も平西将軍等に叙爵	『宋書』帝紀・倭国伝
443	済	遣使献物、安東将軍叙爵	『宋書』帝紀・倭国伝
451	済	爵号に使持節都督六国諸軍事を加う。23人を軍郡に叙す。安東大将軍に進む	『宋書』帝紀・倭国伝
460	(倭国)	遣使献物	『宋書』帝紀
462	興	安東将軍叙爵	『宋書』帝紀・倭国伝
477	(倭国)	遣使献物	『宋書』帝紀
478	武	遣使上表、使持節都督六国諸軍事安東大将軍叙爵	『宋書』帝紀・倭国伝
479	武	鎮東大将軍に進む	『南斉書』倭国伝
502	武	征東将軍に進む	『梁書』帝紀・倭伝

●—倭の五王と中国(南朝)の交渉

ったならば、以後朝貢の使いは出さないというのである。実際、武の要求は実現することなく、宋王朝は翌年に滅んでいる。

さて、倭の五王の外交で注目されるのは、倭国内だけではなく、朝鮮半島南部諸国に対する軍事権を含む官爵を宋王朝に要求していることである。当時の朝鮮半島は、北部には高句麗が領土を拡大して進出し、南部にはかつての馬韓《ばかん》地域を統一した百済《くだら》と、辰韓《しんかん》地域を統一した新羅《しらぎ》が国を構えていた。またかつての弁韓《べんかん》地域は、加羅《から》(伽耶《かや》)と総称されたが、いまだ諸小国の分立・連合の段階にあった。『日本書紀』では、この加羅地域を任那《みまな》と総称しており、「任那日本府」をおいてそこを支配したように記している。しかし、「日本府」というような呼称が当時存在したはずはなく、任那も本来は加羅諸国の一国である金官《きんかん》国の別称とみられている。『日本書紀』の記述をそのまま事実とみるわけにはいかないが、ただ高句麗好太《こうたい》王の碑文▲にみえるように、四世紀末から五世紀初頭、倭はしばしば朝鮮半島に出兵し、高句麗とも戦っているのである。倭の五王の時代、倭が加羅地域に対し、一定の軍事的影響力を持っていたことは事実であろう。

▼高句麗好太王碑　広開土《こうかいど》王碑ともいう。高句麗の領土を拡大した好太王(広開土王、在位三九一〜四一二)の功績をたたえるため、四一四年に建立された碑。高句麗の旧都輯安《しゅうあん》、現在の中国吉林《きつりん》省集安《しゅうあん》県に現存する。高さ約六・二メートル、幅約二メートルの自然石の方柱の四面に、文字が刻まれている。石がかけて読めない部分もあるが、全部で一八〇〇字ほどからなる。

一九一三年の撮影

倭の五王の最初の讃が、宋王朝から授かった官爵は、『宋書』に明記されてはいないが、「安東《あんとう》将軍倭国王」であったと推定されている。次の珍は、「使持節《しじせつ》都督《ととく》倭・百済・新羅・任那・秦韓《しんかん》・慕韓《ぼかん》六国諸軍事安東大将軍倭国王」を自称し、正式には「安東将軍倭国王」のみを授けられた。次の済の時に「使持節都督倭・新羅・任那・加羅・秦韓・慕韓六国諸軍事」が加えられ、さらに「安東大将軍」に進められたが、次の興は「安東将軍倭国王」である。最後の武の時には、「使持節都督倭・百済・新羅・任那・加羅・秦韓・慕韓七国諸軍事安東大将軍倭国王」を自称し、百済を除いた「六国諸軍事安東大将軍倭王」が認められている。

「使持節都督……諸軍事」というのは、「……」の地域に対する軍事権をもつことを示しているが、ここにいう「任那」は、珍の自称の時の「任那」は加羅地域全域を指し、「任那・加羅」と並んで称される時は、「任那」が加羅地域のうちの金官国を中心とした南部地域、「加羅」が大伽耶国を中心とした北部地域を指すと考えられる。「秦韓・慕韓」については、かつての辰韓・馬韓地域で、いまだ新羅・百済の統一下に入っていないそれぞれの地域を指す、とする説が妥当であろう。

つまり倭王は、高句麗の領土を除く朝鮮半島全域に対する軍事権をもつ官爵を要求したのである。百済に対する軍事権が最後まで認められなかったのは、百済王も宋に朝貢し、「鎮東《ちんとう》大将軍百済王」に冊封されていたこと、宋は北朝(北魏)との対抗上、百済を重視したこと、などがその理由であろう。百済王の授かった鎮東大将軍は、倭王の安東将軍・安東大将軍よりも上位の将軍号▲である。

倭王武の上表文にもいうように、当時の倭は、百済と結び、高句麗と対抗していたのであり、倭王が宋王朝に求めた官爵は、その高句麗を強く意識したものと考えられる。武がみずからに仮授した「開府儀同三司《かいふぎどうさんし》」▲も、高句麗王がすでに宋から獲得していた称号であった。なお、当時の高句麗は、宋にも北魏にも朝貢するという二面外交を行なっていたが、高句麗王が宋から授かった「征東《せいとう》大将軍」「車騎《しゃき》大将軍」は、倭王はもとより、百済王のそれよりも上位の将軍号である。

倭の五王の宋への遣使は、高句麗に対抗し、朝鮮半島における倭国の地位を

▼**将軍号**　一九ページ右上表参照。

▼**開府儀同三司**　中国の官名。開府は、府(役所)を開き、属官をおくこと。もともとは三司(太尉《たいい》・司徒《しと》・司空《しくう》)にのみ許された制度であったが、のちには将軍もこれを認められるようになり、開府儀同三司というようになった。儀同三司は、その受ける儀礼が三司と同じということ。

高める、という外交目的をもっていたといえよう。

王権の強化と地方豪族

倭王の宋との外交は、国内支配の面でも新たな展開をもたらした。第一には、中国皇帝から安東将軍・安東大将軍に冊封されることにより、将軍府を開き、そこに府官を任命することができるようになった点である。

讃は四二五(元嘉《げんか》二)年の遣使の時、司馬曹達《しばそうたつ》を遣わしているが、この司馬は、長史《ちょうし》・司馬・参軍《さんぐん》などの府官の一つと考えられる。曹達は、その名からして渡来人とみられるが、倭王府(安東将軍府)の府官(司馬)に任命され、倭王(讃)に仕えたのである。

この府官制は、倭だけではなく、高句麗・百済をはじめ中国周辺諸国の多くに受け入れられ、それぞれの国内支配に大きな影響を与えた。ただ倭の場合は、外交上の目的で導入された名目的なものにすぎないとの見方もある。のちの大和政権の統治組織も、府官制との直接的な関係はみとめられない。しかし、府官制の導入が、その後の独自の統治組織形成の契機となったということは、十分考えられる。

第二には、倭王は国内の有力者たちにも将軍号や郡太守《ぐんたいしゅ》号を仮授し、それを宋王朝から正式に認めてもらう、という方法をとっている点である。これも高句麗・百済などに先例があり、それにならったものとみられるが、このことをとおして、国内の有力者たちに対する優位を確立し、統制権を強めていったと推定される。

具体的には、珍が倭隋《ずい》ら一三人に平西《へいせい》・征虜《せいりょ》・冠軍《かんぐん》・輔国《ほこく》の各将軍号▲を仮授し、済が二三人に将軍号・軍太守号を仮授した▲ことがしられる。倭隋の「倭」は、「倭讃」「倭王倭済」などといった表記もあることから、倭王の姓《せい》を指すと考えられるが、そうであるならば、倭隋は珍と同じ一族ということになる。ただ同姓だからといってかならずしも現実に血縁関係にあったとは限らないし、また倭隋が王族であったとしても、ほかの一二人や済の時の二三人もすべて王族とみるのは不自然であろう。高句麗や百済の場合をみても、そこには王族以外の有力豪族が多く含まれていたとみてよい。本書にとっての問題は、そこに地方豪族が含まれていたか否かという点であるが、『宋書』の記事からは、不明とせざ

▼倭隋らの将軍号　倭王の安東将軍は、中国皇帝の居所からみての東を安《やす》んずる将軍の意味であるが、倭隋らの将軍号は、倭王の居所からみての将軍号である。したがって平西将軍は、中国からみての西ではなく、倭王の本拠地からみての西を平《たいら》ぐる将軍の意味である。

▼済による仮授　『宋書』倭国伝には、「倭国王済、使を遣はして奉献す。復《また》以て安東将軍倭国王と為す。……幷《なら》びに上《たてまつ》る所の二十三人を軍郡に除す」とある。これは、済が仮授した二三人に対して正式に「軍郡」に任命したというのであるが、ここでいう「軍郡」は、将軍号と、郡太守(地方長官)号であると考えられている。

るをえない。

地方豪族ではなかったにせよ、当時の倭隋ら国内の有力者と、倭王（大王）との関係を考える上で注意されるのは、将軍号のランクである。珍の安東将軍と倭隋らの平西将軍などの将軍号は、いずれも第三品であり、百済の場合にくらべてその格差の小さいことが指摘されている。このことは、その頃の倭王が、国内の有力者からさほど超越した地位にはなかったことを示している。

珍や済の時代、すなわち五世紀中頃を中心とした時期は、各地で大型の前方後円墳が築造された時代である。大王も各地の豪族も規模の差こそあれ、同じ前方後円墳を造営したのであり、なかには吉備《きび》地方（岡山県・広島県東部）の豪族のように、「畿内《きない》」▲の大王墳▲に匹敵するような規模の古墳を営んだ豪族もあった。古墳のあり方からすれば、倭隋ら一三人や済の時の二三人のなかに、吉備や筑紫《つくし》（九州北部）、出雲《いずも》（島根県東部）、毛野《けぬ》（群馬県・栃木県）などの地方豪族が含まれていたとしても不自然ではない。当時の大王と各地の豪族との関係は、支配・被支配の関係というよりも、大王を盟主とした連合の関係にあったとみるべきであろう。

▼**畿内**　畿内とは、本来君主の居城近くの地域を指す。日本で畿内の制が成立するのは、早くとも七世紀中頃。律令制下においては、大和（奈良県）・摂津《せっつ》（大阪府西部・兵庫県東南部）・河内《かわち》（大阪府）・山背《やましろ》（京都府南部）の四国、のちに和泉《いずみ》国（大阪府南部）が分立してからは五国が畿内とされた。五世紀代に畿内の制があったとは考えられないが、ここではのちのこの地域を指して「畿内」ということにする。

▼**大王墳**　古墳時代におけるその時その時の最大規模の前方後円墳。ある時期における全国的にみての最大規模の古墳（前方後円墳）は、大王の造営した古墳、あるいは大王を埋葬した古墳であると考えて、その古墳を大王墳と呼んでいる。大王墳の造営されたのは、一貫して「畿内」である。

●—大仙陵古墳(仁徳天皇陵古墳)　大阪府堺市の百舌鳥古墳群に存在する全国最大の前方後円墳。墳丘全長486メートル。仁徳陵とは断定できないが、5世紀の大王墳であることはまちがいない。

●—倭の五王の時代の短甲
大阪府堺市黒姫山古墳出土。

●—造山古墳　岡山市に存在する吉備地方最大の前方後円墳。墳丘全長350メートルを測り、全国第４位の規模を誇る。

●—三角縁神獣鏡　群馬県前橋市前橋天神山古墳出土。古墳の副葬品として埋納された青銅鏡。卑弥呼が魏の皇帝から下賜された鏡もこの種の鏡であったとする説がある。代表的威信財といえよう。

しかしいっぽうでは、倭国全体の王（大王）には、一貫して「畿内」の政治勢力の長が就任したことも事実である。倭王は三世紀の卑弥呼《ひみこ》の時代から、外交権の掌握につとめてきたのであり、威信財や先進技術をほぼ独占的に入手したことが、各地の豪族を大王のもとに結集させる求心力になったと考えられる。各地の豪族にとって、大王から威信財・先進技術を分与・供給されることが、それぞれの地域における支配的地位を維持していくうえで必要だったのである。高句麗好太王碑などに示される朝鮮半島への出兵も、各地の豪族が右のような理由で大王のもとに結集したからこそ可能であったといえよう。

そしてまた、五世紀代をとおしての王権の強化ということにも注意しなければならない。倭の五王は、府官制や官爵の仮授を利用して、国内における王権を強化していったはずであり、讃の時と武の時とで、大王の地位や権力が同じであったとは考え難い。次章で述べるように、武の時代には、すでに王権を支える独自の組織も形成されていたのである。

ところで、武の上表文には、次のような有名な一節がある。

昔より祖禰《そでい》、躬ら甲冑《かっちゅう》を擐《つらぬ》き、山川を跋渉《ばっしょう》し、寧処《ねいしょ》に遑《いとま》あらず。東は毛人《もうじん》

▼卑弥呼　『魏志《ぎし》』（晋の陳寿《ちんじゅ》が撰上した魏の歴史書。三世紀末の成立）の東夷伝倭人の条（通常、倭人伝と呼ぶ）に記された倭国の女王。邪馬台《やまたい》国に都をおき、帯方《たいほう》郡をとおして魏と通交し、明《めい》帝から「親魏倭王」の称号を授かった。邪馬台国の所在地については議論があるが、卑弥呼は北九州にあった伊都《いと》国に一大率《いちだいそつ》をおき、魏との通交についても監察させたという。

▼威信財　大王や各地の豪族にとっての権威を示す器財。中国製の青銅鏡などに代表される。

▼隋書　中国隋朝（五八一〜六一八、北周《ほくしゅう》の外戚となった楊堅《ようけん》の建国）の正史。全八五巻。紀と列伝は、魏徴《ぎちょう》らにより六三六年に撰上された。志は遅れて六五六年に撰上。東夷伝倭国の条に、遣隋使関係の記事や、七世紀初め頃の倭国の政治組織・風俗などを述べた記事がある。

を征すること五十五国、西は衆夷《しゅうい》を服すること六十六国、渡りて海北《かいほく》を平ぐること九十五国(祖禰は父祖の意、海北は朝鮮半島を指す)。

これによれば、武の父祖の王たちは、みずから武装し、先頭に立って各地を征服してまわったという。ここにいう東の五五国と西の六六国を合わせると一二一国となるが、『隋《ずい》書』▲倭国伝には、七世紀初め頃の倭国の地方支配組織を述べて、「軍尼《くに》一百二十人あり、なお中国の牧宰《ぼくさい》(地方長官)のごとし」と記している。「軍尼」は国造《くにのみやつこ》のこととみられるが▲、両者の数字の一致に注意するむきもある。そうすると、のちに国造に任命されるような地方豪族は、大王の軍事行動によって征服されていったことになるが、しかし、そうではないであろう。

まず、「五十五国」「六十六国」という数字は、単に多数を意味するのであり、実数とはみなし難い。また「毛人」「衆夷」とある以上、それは「異民族」を指す語と解すべきであり、記紀に「蝦夷《えみし》」▲「熊襲《くまそ》」▲と記されるような人々を指すとするのが妥当であろう。のちに国造に任命されるような倭国内の地方豪族、すなわち当時前方後円墳を造営していたような地方豪族は、大王の征服対象として認識されていないのである。

▼**「軍尼」と国造**　「軍尼」は「クニ」という倭語を漢字の音を借りて表記したもの。「クニ」は国造(クニノミヤツコ)を指すと解するのが一般的であるが、国宰(クニノミコトモチ)を指すとする説もある。どちらの説をとるにせよ、「クニ」が一二〇ほどあったとみることには変わりはない。

▼**蝦夷**　記紀に、東方・北方に住む大和朝廷に服属しない野蛮人として描かれている人々。景行《けいこう》天皇やヤマトタケルの伝承に示されるように、征服すべき人々とされる。実際に存在した異民族ではなく、中央の支配者からそのように位置づけられ、作られた存在と考えられる。

▼**熊襲**　記紀に、南九州に住む征服すべき対象として描かれている人々。ヤマトタケルの伝承では「クマソタケル」の名もみえる。「蝦夷」と同様、中央の支配者の認識のなかでの存在と考えられる。

地方豪族の多くは、武力によって征圧されていったのではなく、みずからすすんで、大王を盟主とする連合政権に加わっていったとみるべきであろう。

倭の五王と記紀の天皇

倭の五王の時代の大王と地方豪族との関係について述べてきたが、五王に関する研究史をふりかえってみると、五王が記紀のどの天皇にあたるのかという議論が、もっとも多く行なわれてきたことが指摘できる。いわゆる倭の五王の比定論である。これまでのところ、済・興・武が十九代▲允恭《いんぎょう》天皇・二十代安康《あんこう》天皇・二十一代雄略《ゆうりゃく》天皇にあたるという点ではおおよそ意見の一致をみているが、讃については十五代応神《おうじん》天皇説・十六代仁徳《にんとく》天皇説・十七代履中《りちゅう》天皇説があり、珍についても仁徳天皇説と十八代反正《はんぜい》天皇説が対立している。

記紀に伝えるこれらの天皇の系譜は、応神天皇の子が仁徳天皇、仁徳天皇の子が履中・反正・允恭天皇、允恭天皇の子が安康・雄略天皇とされている。なお、「応神」「仁徳」というような漢字二字で表記される天皇名は、中国風の諡《おくりな》(死後におくられる名)であり、実名ではない。記紀にも本来こうした名はなく、

▼**天皇の代数**　ここでいう天皇の代数は、記紀に伝えるところの、神武《じんむ》天皇を初代とする代数である。したがって、実在しない天皇を含む代数であり、実際の数ではない。ここでは、記紀に伝える天皇の即位順がわかるよう代数を掲げたにすぎない。以下同じ。

●**倭の五王の系譜**

『宋書』による五王の系譜

讃・珍（兄弟）
済—興・武

『梁書』による五王の系譜

賛・彌（兄弟）
彌—済—興・武

●―記紀の皇統譜

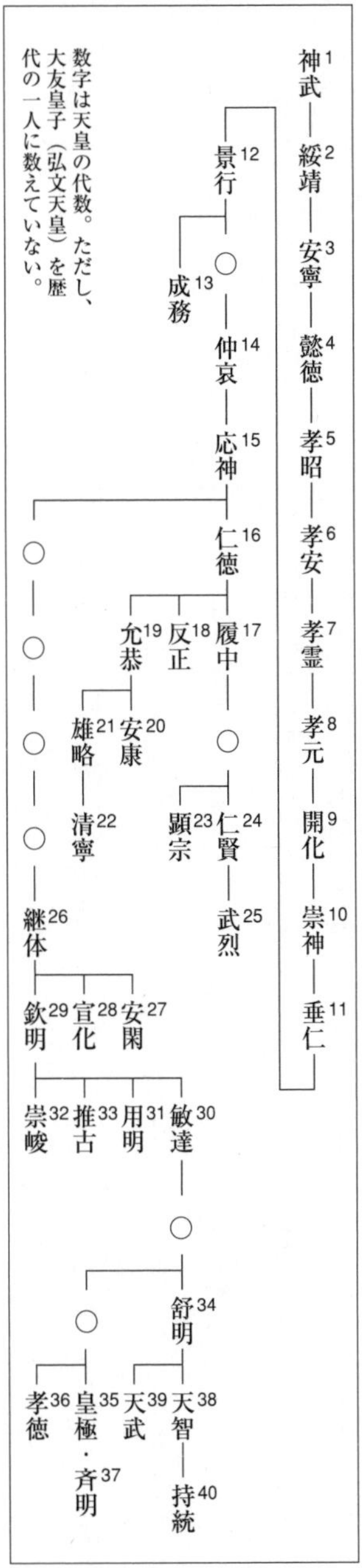

●―将軍を中心としてみた宋官品(抄)

第一品	第二品	第三品	第四品
大将軍	驃騎・車騎・衛 将軍 諸大将軍 諸持節都督	四①征・四①鎮・中軍・鎮軍・撫軍 将軍 ―――― 四①安・四①平・左・右・前・後・征虜・冠軍・輔国・(寧朔)・竜驤 将軍 領護軍②	二③衛・驍騎・遊撃・四④軍 将軍 左・右中郎将 五⑤校尉 五⑥威・五⑥武 将軍 四①中郎将 戎蛮校尉

注：①東南西北
②領軍・護軍将軍、中領軍・中護軍
③左右
④左右前後
⑤屯騎・歩兵・越騎・長水・射声
⑥建・振・奮・揚・広
出典：坂元義種『古代アジアの日本と朝鮮』

●―五王に比定される記紀の天皇の名と年代

五王	天皇	在位年	崩御年
讃	応神 ホムタワケ	270〜310	甲午(394)
讃・珍	仁徳 オホサザキ	313〜399	丁卯(427)
讃	履中 イザホワケ	400〜405	壬申(432)
珍	反正 ミズハワケ	406〜410	丁丑(437)
済	允恭 ヲアサヅマワクゴノスクネ	412〜453	甲午(454)
興	安康 アナホ	453〜456	記載なし
武	雄略 オホハツセノワカタケル	456〜479	己巳(489)

注：在位年は『日本書紀』、崩御年は『古事記』による。

記紀の天皇の中国風諡は、奈良時代半ばすぎにまとめてつけられたものとみられている。記紀に伝えるこれらの天皇の名は、ホムタワケ(応神)・オホサザキ(仁徳)・イザホワケ(履中)・ミズハワケ(反正)・ヲアサヅマワクゴノスクネ(允恭)・アナホ(安康)・オホハツセノワカタケル(雄略)である▲。

いっぽう『宋書』では、讃と珍は兄弟、珍と済との関係は書かれておらず、済と興は父子、武は興の弟とされている。また『梁書』にも五王の系譜についての記事があり、そこでは『宋書』に記載のない珍(彌《み》▲)と済との関係が父子となっている。

比定にあたっては、王(天皇)名、在位年代、系譜などが考慮されてきたが、讃と珍については、記紀のどの天皇に比定しても、どこかに矛盾や無理が生じてしまう。比定論に決着のつかないゆえんである。また、うまく比定できないことを理由に、五王は記紀の天皇には比定されないとの説も出されている。この説では、九州の政治勢力の長が五王であったとされるのであるが、五世紀の倭王の本拠地がつねに「畿内」にあったことは、『宋書』の内容や古墳のあり方からしてまちがいない。五王のすべてが矛盾なく記紀の天皇に比定できないのは、

▼**記紀に伝える天皇名**　記紀の天皇名は、それぞれ同じ名を伝えるが、それが実名なのか、通称なのか、あるいは死後の諡なのか、はっきりしないことが多い。ここでカタカナで記したのは、記紀で同名(同音)であっても、漢字表記に違いがあるからである。

▼**「珍」と「彌」**　『宋書』では讃の次に王となった讃の弟を「珍」と記すが、『梁書』ではそれを「彌」と記している。「珍」の異体字である「珎」と、「彌」の略字である「弥」とは字形が似ており、本来「珍」とあったものを、『梁書』ないしはその伝写の過程で、「彌」に誤ったものと考えられる。

記紀の記述のどこかに誤りや作為があるからであり、五王が「畿内」の大王ではないからではない。

問題とすべきは、『宋書』に珍と済との関係が書かれていないことである。このことに注目し、両者は血縁関係になかったとする説がある。『梁書』では父子とされているが、『梁書』は唐《とう》の時代に入ってからの成立であり、『宋書』にくらべて信憑性は低い。『宋書』では、珍と済以外の各王の関係はすべて書かれているのであり、書かれていないのは関係がなかったからというのは、説得力をもっている。

これに対して、倭の五王がいずれも「倭」姓を名乗っていることから、五王は同じ一族であったとする説もある。たしかにそのことは、済以下の倭王がそれ以前の倭王と同姓であると称したことを示すものではある。また宋の側で、両者を同姓とみなしたことも確かであろう。しかし、そうであるからといって、現実に両者が血縁関係にあったとは限らない。『宋書』に具体的な関係が書かれていないのは、やはり現実には血縁関係になかったからとみるのが妥当であろう。

ただしこのことは、珍と済との間で王朝が交替したことを意味するのではないし、また二つの王家が存在していたとみるのも正しくないであろう。当時は、各地の豪族の連合政権の段階にあったのであり、大王は、有力豪族のなかから「共立▲」されたものと考えられる。つまり大王は、同時に一豪族の長でもあったのであり、讃と珍、済と興と武は、たまたま同じ一族の長が続けて大王に「共立」されたということであろう。

五王の時代をとおして、王権は強化され、王位の世襲化の方向も現われてきたのではあるが、いまだこの段階では、大王は特定の血統から出さなければならないという考えは形成されておらず、したがって、王家とか王族とか呼べるような存在も、いまだなかったと考えられるのである。

▼**共立**　『魏志』倭人伝に、女王卑弥呼は「共立」されたとある。ここでいう「共立」は、卑弥呼の例と同様、王位の世襲制が成立しておらず、また大王の生前に次の大王を定めるということも制度化されていない段階で、大王の死後に、有力者らの合議によってはじめて次の大王が決定する、ということを指している。

②―ワカタケル大王と杖刀人・典曹人

鉄刀銘の世界

埼玉県行田《ぎょうだ》市稲荷山《いなりやま》古墳出土の鉄剣に、一一五文字からなる銘文のあることが発見されたのは、一九七八(昭和五十三)年のことであった。そこには「獲加多支鹵大王」(ワカタケル大王)の名が刻まれており、それによって、一八七三(明治六)年に発見されていた熊本県和水《なごみ》町江田船山《えたふなやま》古墳出土の大刀銘の「獲□□□鹵大王」も、同一のワカタケル大王であることが明らかになった。二つの銘文には、「左治天下」と「治天下」、「杖刀人《じょうとうじん》」と「典曹人《てんそうじん》」、「七月中」と「八月中」、「百練」と「八十練」など、たがいに対応した表記も多い。また二つの古墳は、いずれも五世紀後半から六世紀初め頃の築造と考えられており、ほぼ同時期の東西の古墳から、同一の大王名の刻まれた刀剣が出土したということは、その大王が「畿内」の大王であることを明瞭に示している。

そしてそのワカタケル大王は、中国側史料にいう倭王武に比定することができる。稲荷山古墳の鉄剣銘には「辛亥年《しんがいねん》」(四七一年)の干支▲が記されており、そ

▼**干支**　十干(甲《こう》・乙《おつ》・丙《へい》・丁《てい》・戊《ぼ》・己《き》・庚《こう》・辛《しん》・壬《じん》・癸《き》)と十二支(子《し》・丑《ちゅう》・寅《いん》・卯《ぼう》・辰《しん》・巳《し》・午《ご》・未《び》・申《しん》・酉《ゆう》・戌《じゅつ》・亥《がい》)の組み合わせで、年・月・日を表わす方法。中国において古くから行なわれ、漢《かん》代には紀年法として用いられた。六〇とおりの組み合わせがあり、年でいえば六〇年ごとに同じ干支の年が巡ってくる。日本でも、稲荷山古墳出土の鉄剣銘に示されるように、五世紀後半には用いられている。

の当時のワカタケル大王の生存が示されているが、それは、四七七年・四七八年遣使の武と年代的に対応するからである。また、ワカタケル大王の名からすれば、『古事記』に大長谷若建命《おおはつせのわかたけるのみこと》、『日本書紀』に大初瀬幼武天皇《おおはつせのわかたけるのすめらみこと》と記される雄略天皇に比定されることもほぼ確実である。すなわち二つの銘文により、倭王武＝雄略天皇であることがより確定的になったといえるのである。

二つの銘文の内容は、ワカタケル大王（武・雄略天皇）の時代（五世紀後半）の大王と地方豪族との関係を考えるうえで、きわめて重要な史料である。まずは、稲荷山古墳の鉄剣銘からみていくことにしよう。

銘文は、長さ七三・五センチメートルの鉄剣の表裏に刻まれた金象嵌《きんぞうがん》▲の銘であり、表に五七文字、裏に五八文字が記されている。

〔表〕
辛亥年七月中記乎獲居臣上祖名意富比垝其児（名脱カ）多加利足尼其児名弖已加利獲居其児名多加披次獲居其児名多沙鬼獲居其児名半弖比

〔裏〕
其児名加差披余其児名乎獲居臣世々為杖刀人首奉事来至今獲加多支鹵大王

▼**金象嵌**　鉄・銅などの表面に文字や模様などを刻んで、金をはめこむ技法。象嵌の種類としては、金のほかに銀・銅・貝などがある。

●――これまでに発見された銘文入り刀剣

	刀剣	出土地・発見場所	銘文	字数	制作年代	象嵌
1	東大寺山古墳出土大刀	奈良県天理市、東大寺山古墳（前方後円墳、全長一四〇m）	中平□□五月丙午造作□刀百練清剛上応星宿下辟不□	24	後漢の中平年間（一八四～一八九）、中国製	金
2	石上神宮伝世七支刀	奈良県天理市、石上神宮	（表）泰和四年五月十六日丙午正陽造百練□七支刀□辟百兵宜供供侯王□□□□作（裏）先世以来未有此刀百済王世子奇生聖音故為倭王旨造伝示後世	61	東晋の泰和四（三六九）年、百済製	金
3	稲荷台1号墳出土鉄剣	千葉県市原市、稲荷台1号墳（円墳、径二八m）	（本文参照）	12	五世紀中頃	銀
4	稲荷山古墳出土鉄剣	埼玉県行田市、稲荷山古墳（前方後円墳、全長一二〇m）	（本文参照）	115	辛亥（四七一）年	金
5	江田船山古墳出土大刀	熊本県和水町、江田船山古墳（前方後円墳、全長六二m）	（本文参照）	75	五世紀後半	銀
6	岡田山1号墳出土大刀	島根県松江市、岡田山1号墳（前方後方墳、全長二四m）	各《額》田卩《部》臣□□□素□大利□	12	古墳築造年代六世紀後半	銀
7	箕谷2号墳出土大刀	兵庫県養父市、箕谷2号墳（円墳、径一四m）	戊辰年五月□	6	戊辰（六〇八）年	銅
8	四天王寺伝世大刀	大阪市、四天王寺	丙子椒林	4	七世紀？	金
9	金錯銘直刀身	伝群馬県古墳出土	（文字不明）	4		金

寺在斯鬼宮時吾左治天下令作此百練利刀記吾奉事根原也

訓読文

辛亥の年七月中、記す。ヲワケの臣。上祖、名はオホヒコ。其の児、(名は)タカリのスクネ。其の児、名はテヨカリワケ。其の児、名はタカヒ(ハ)シワケ。其の児、名はタサキワケ。其の児、名はハテヒ。其の児、名はカサヒ(ハ)ヨ。其の児、名はヲワケの臣。世々、杖刀人の首と為り、奉事し来り今に至る。ワカタケ(キ)ル(ロ)大王の寺、シキの宮に在る時、吾、天下を左治し、此の百練の利刀を作らしめ、吾が奉事の根原を記す也。

右に示した訓読文は、今日もっとも一般的に行なわれている訓読文である。ただし、傍線をほどこした部分については、「奉事し来りて今のワカタケル大王に至る。寺《はべ》りてシキの宮に在る時」と読む説もある。一般的訓読文では、「寺」を朝廷・役所の意味に解するのであるが、この読みでは、「寺」を「侍」の人偏の省略されたものとみるのである。

銘文中の「記」「奉事」「左治」「令作」などの動詞がすべてヲワケの臣を主語とす

る述語になっていることからすれば、「在」も、ワカタケル大王の寺を主語とするのではなく、「寺在」(侍在)でヲワケを主語とするとみたほうがよいであろう。また一般的訓読文にしたがうと、ワカタケル大王の寺(朝廷)がシキの宮(朝廷)に在る時というような、重複した表現になってしまうことも指摘できる。

後者の読みを妥当とするべきであろうが、ただいずれに読んでも、銘文の意味にはほとんど変化はない。銘文全体は現在形で読むべきであり、「辛亥年」と、ワカタケル大王の世と、この銘文入りの剣が作られた時とは一致するのである。

銘文の主人公はいうまでもなくヲワケの臣であり、銘文中の「吾」はヲワケ自身を指している。この銘文は、ヲワケがワカタケル大王に杖刀人の首(頭《かしら》)として奉事し、シキの宮▲で天下を左治していることを誇示したものであり、ヲワケ自身が自己を顕彰するために、この銘文入りの剣を作らせたことは明らかである。

なお、「辛亥年」を干支一巡下らせて、五三一年とする説もあるが、ワカタケル大王が武であり、銘文全体が現在形で読まれるべきであるならば、四七七年(武の遣使の年)から五三一年までを同じ大王の治世とみることにやや無理があ

▼シキの宮　記紀に伝える雄略天皇の宮は、長谷朝倉宮《はつせのあさくらのみや》・泊瀬《はつせの》朝倉宮《あさくらのみや》であり、銘文の「斯鬼宮」(シキの宮)と一致しない。しかし、朝倉宮は広義の磯城《しき》の地に含まれるのであり、シキの宮を雄略天皇の宮とみて矛盾はない。また、河内にも「シキ」の地名が伝えられており、このシキの宮を河内にあった雄略天皇の宮とする説もある。

〔表〕

〔裏〕

●—稲荷山古墳出土の鉄剣とその銘

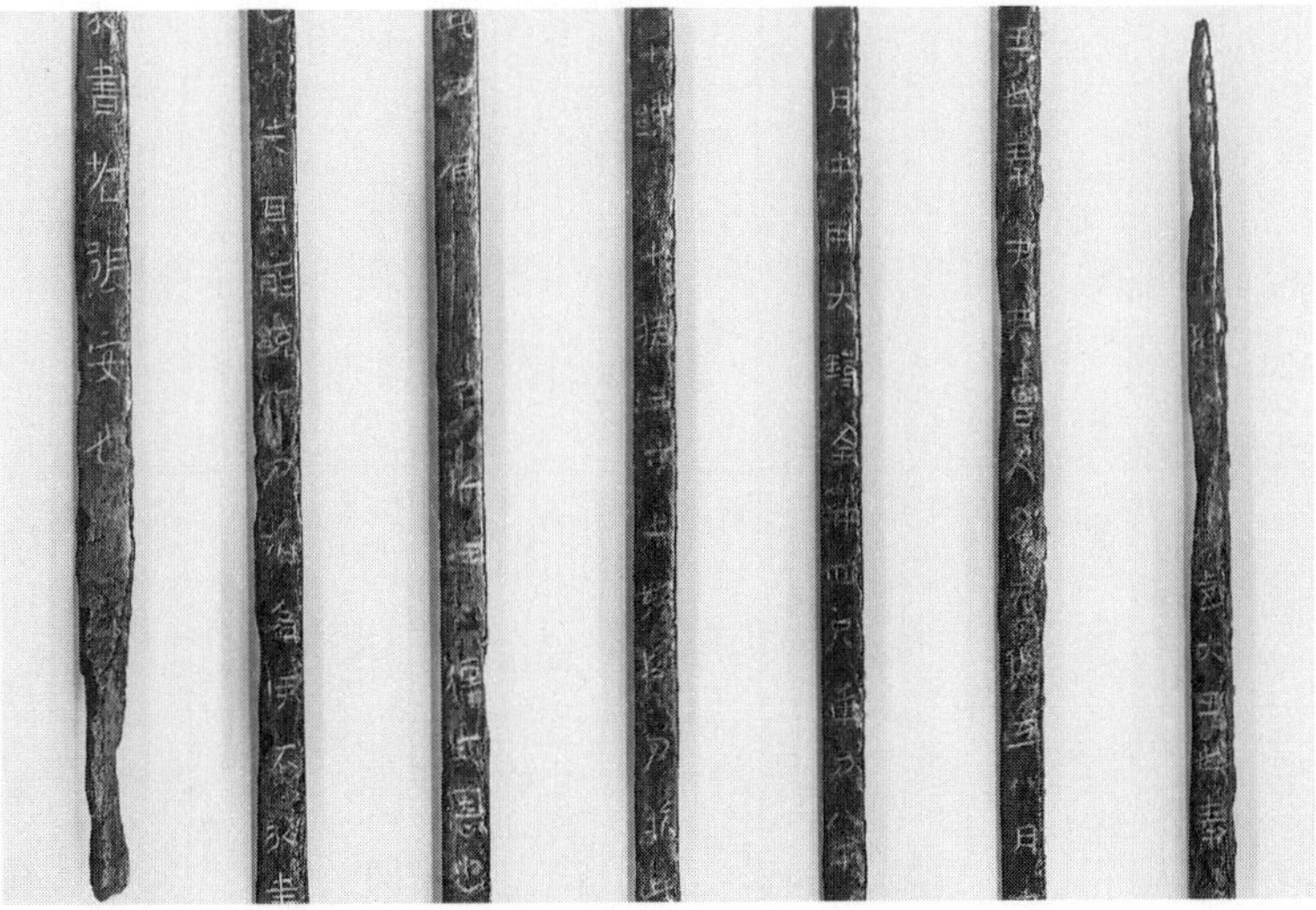

●—江田船山古墳出土の大刀とその銘

●—稲荷台１号墳出土の鉄剣とその銘

〔裏〕

〔表〕

〔表〕

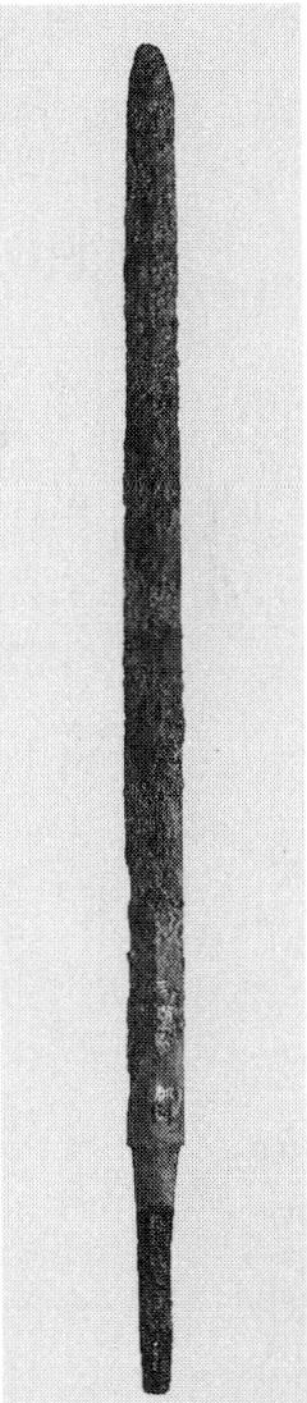

る。五三一年とする立場から、ワカタケル大王を二十九代欽明《きんめい》天皇にあてる説もあるが、記紀に伝える欽明天皇の名はアメクニオシハルキヒロニワであり、ワカタケルの名とは結びつかない。稲荷山古墳の築造が五世紀後半から六世紀初め頃と推定されていることも、剣が作られて(辛亥年)から、副葬されるまでの時間も考慮しなければならず、「辛亥年」を五三一年とする説の成立し難いことを示している。

次に、江田船山古墳の大刀銘であるが、こちらは、長さ九〇センチメートルをこえる長大な鉄刀の棟《むね》(刀のみね)の部分に刻まれた銀象嵌の銘であり、七五文字からなる。

台〔治〕天下獲□□□鹵大王世、奉事典曹人名无□(利カ)弖、八月中、用大鉄釜、幷四尺廷刀、八十練、□(九カ)十振、三寸上好□(刊カ)刀、服此刀者、長寿、子孫洋々、得□恩也、不失其所統、作刀者名伊太□(和カ)、書者張安也

銘文中の「獲□□□鹵大王」は、判読困難な文字を多く含むが、先にも述べたように、稲荷山古墳の鉄剣銘の「獲加多支鹵大王」(ワカタケル大王)と同一の大王とみてまちがいない。銘文にはほかにもよく読めない文字がいくつかあるが、

全体はおよそ次のような意味であろう。

天下治《あめのしたし》ろしめす獲加多支鹵大王の世。奉事の典曹人、名は无利弖《ムリテ》が、八月中に、大鉄釜、幷《なら》びに四尺の廷刀を用いて、八十練、九十振した(よく精錬を重ねて鍛《きた》えた)三寸上好の刊刀である。此の刀を服する者は、長寿にして、子孫は洋々と□恩を得ることができる。統《す》ぶる所も失わない。刀を作った者の名は伊太和《イタワ》であり、書いた者(銘文を書いた者)は張安《ちょうあん》である。

この銘文の主人公はムリテであり、銘文中の「此の刀を服する者」というのもムリテ自身にほかならない。銘文には、ムリテの長寿と子孫の繁栄、およびその統治権の安泰の願いが込められているのである。

この銘文入り大刀を、ワカタケル大王からムリテへの下賜刀とする説もあるが、銘文の内容からすれば、ムリテ自身が作らせた刀とみるほうが妥当であろう。大王から地方豪族に刀剣が下賜されるということはあったが、その場合は、千葉県市原《いちはら》市稲荷台《いなりだい》一号墳▲出土の「王賜」銘鉄剣のように、下賜刀であることを明記した銘文になっていたと考えられる。

「王賜」銘鉄剣の銘文は、次のとおりである。

▼稲荷台一号墳　養老《ようろう》川下流右岸の台地上に位置する円墳。直径約二八メートル。十数基の円墳(墳丘を失った古墳も含む)からなる稲荷台古墳群中の一基。五世紀中頃の築造と推定されている。埋葬施設は、中央施設と北施設の二つが存在し、中央施設のほうが先に作られている。銘文のある鉄剣は、中央施設から発見された。

●—稲荷台1号墳全景

〔表〕　王賜□□敬□（安カ）

〔裏〕　此廷□□□□

表の「王賜」は、裏の文字より高い位置に書かれており、王に対する敬意が表わされている。この銘文の「王」は、東国の王、朝鮮半島の王などとする説もあるが、「畿内」の大王とみてまちがいないであろう。この銘文も、大王と地方豪族との関係を考えるうえでの重要な史料である。

稲荷台一号墳は、五世紀中頃の築造と推定される古墳であり、稲荷山古墳や江田船山古墳よりも一世代ほど前の古墳である。とすると、ここにいう「王」は、倭王済、すなわち允恭天皇に比定される可能性が高い。また、稲荷台一号墳が直径約二八メートルの円墳であることからすると、その被葬者は中小豪族であったとみられるが、「王賜」銘鉄剣は、その中小豪族に大王（允恭天皇）が下賜した剣である。五世紀中頃の東国には、直接大王と関係をもつ中小豪族も存在していたのである。

ヲワケの臣とムリテ

稲荷台一号墳出土の「王賜」銘鉄剣には、特定個人についての具体的記述はみえないが、稲荷山古墳出土の鉄剣銘の場合はヲワケの臣、江田船山古墳出土の大刀銘の場合はムリテが、それぞれの銘文の主人公であった。それでは、ヲワケやムリテと、それぞれの古墳の被葬者との関係はどのように考えたらよいであろうか。

まずヲワケについてであるが、現在、およそ次の三とおりの見方が示されている。

(1)ヲワケは中央の豪族であり、杖刀人の首であったヲワケから鉄剣を下賜された部下の杖刀人が、稲荷山古墳の被葬者である。

(2)ヲワケは中央の豪族であったが、のちになんらかの理由で東国に派遣され、その地で死去して稲荷山古墳に埋葬された。

(3)ヲワケは東国の豪族であり、中央に出仕してワカタケル大王に仕えたが、のちに帰国し、死去して稲荷山古墳に埋葬された。

いずれの見方が妥当であるか、それを判断するためには、稲荷山古墳についてみておく必要がある。

この古墳は、墳丘長約一二〇メートルの前方後円墳であり、長方形の二重の周濠をもつというめずらしい形をしている。埋葬施設は、後円部から粘土槨《ねんどかく》と礫槨《れきかく》の二つが発見されたが、粘土槨はすでに盗掘され副葬品はほとんど残されていなかった。銘文入りの鉄剣が出土したのは礫槨の方であり、礫槨からは、ほかに直刀・剣・鏃《やじり》・挂甲《けいこう》などの武器・武具類、轡《くつわ》・鞍《くら》金具・鈴杏葉《すずぎょうよう》・環鈴などの馬具類、画文帯神獣鏡《がもんたいしんじゅうきょう》▲・勾玉《まがたま》・銀環・帯金具などの装身具類が発見された。礫槨の年代は、五世紀末から六世紀初頭とみられている。

粘土槨と礫槨とでは、粘土槨のほうが先に作られたと考えられており、またいずれも墳頂部からややはずれた位置にあることから、ほかに主たる埋葬施設が存在するとの見方もある。稲荷山古墳は、本来礫槨の被葬者のために築造された古墳ではない可能性が高い。ただその場合も、礫槨の被葬者が稲荷山古墳を造営した一族の一人であり、この地域の豪族であることはまちがいないであろう。

稲荷山古墳の一二〇メートルという規模は、この時期の古墳としては大規模

▼画文帯神獣鏡　鏡の背面に神獣を鋳出した神獣鏡のうち、外区に竜や飛雲文などを描いた「画文帯」を有する形式の鏡。稲荷山古墳出土のものと同型の鏡が、群馬・千葉・三重・福岡・宮崎の各県の古墳から出土している。江田船山古墳からも三面の画文帯神獣鏡が発見されており、そのうちの一面は二〇面以上の同型鏡がしられている。画文帯神獣鏡を、倭の五王が宋との交渉のなかで入手し、各地の豪族に配布した鏡とする説もある。

●──稲荷山古墳出土の画文帯神獣鏡

●──稲荷山古墳の礫槨における出土状況

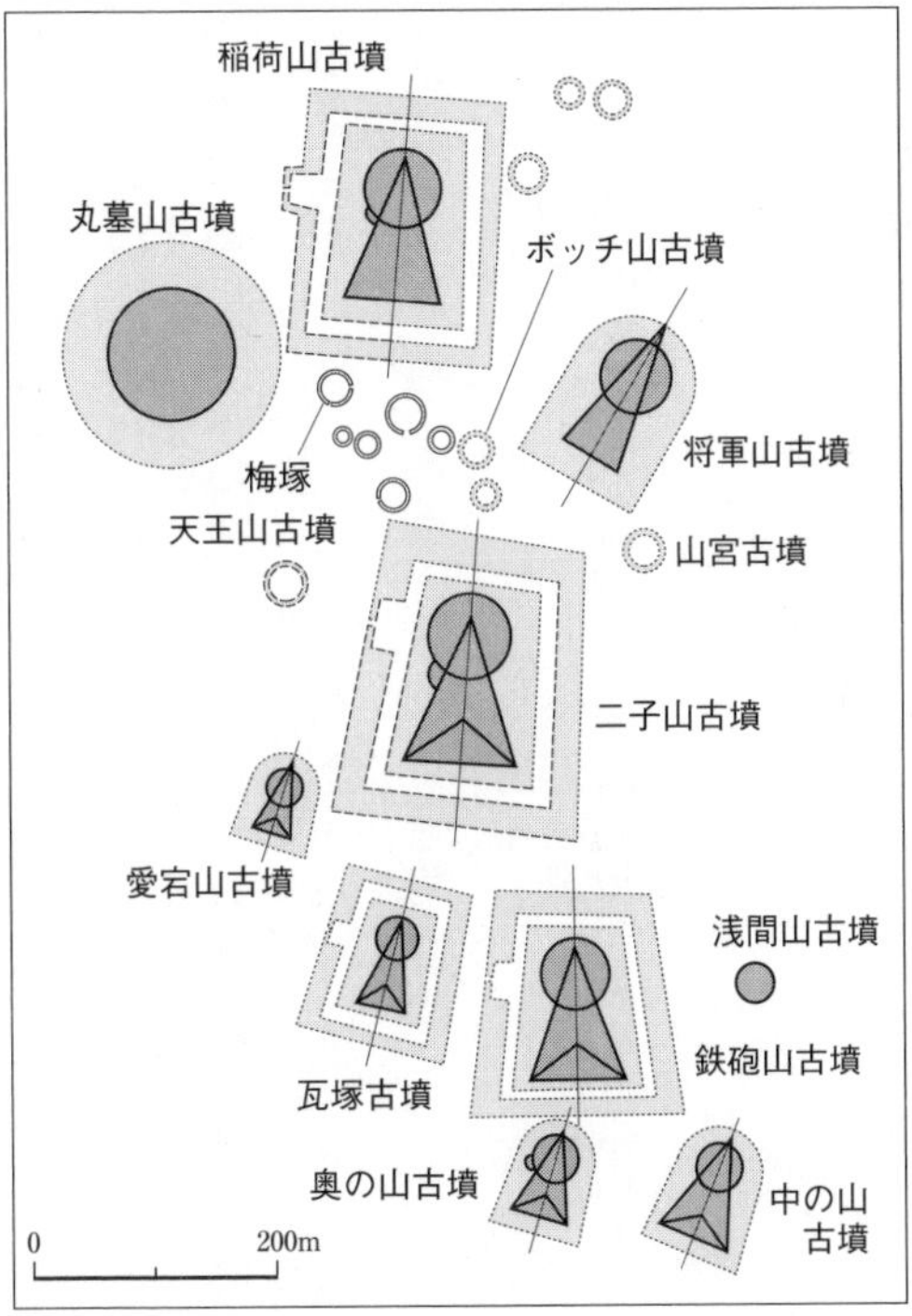

●──埼玉古墳群

なものであり、武蔵地方において最大級であることはもとより、全国的にみても有数の規模である。また稲荷山古墳は、埼玉《さきたま》古墳群を構成する古墳の一基であり、そのなかで最初に造られた古墳とみられている。

埼玉古墳群は、利根《とね》川と荒《あら》川とにはさまれた低台地上に位置し、かつては九基の前方後円墳と三〇基以上の円墳とで構成されていた。現在では稲荷山古墳以下、二子山《ふたごやま》古墳(全長一三五メートル)・鉄砲山《てっぽうやま》古墳(一一二メートル)・将軍山《しょうぐんやま》古墳(一〇一・五メートル)・中《なか》の山《やま》古墳(七九メートル)・瓦塚《かわらづか》古墳(七四・五メートル)・奥《おく》の山《やま》古墳(六六・五メートル)・愛宕山《あたごやま》古墳(五三メートル)の八基の前方後円墳と、直径約一〇〇メートルを測る全国最大規模の円墳である丸墓山《まるはかやま》古墳とが残されている。

古墳時代後期▲において、これだけの大規模な古墳群を営んだ地域はめずらしく、埼玉古墳群を造営した豪族が、稲荷山古墳以後も、大きな勢力をもち続けていたことが明らかである。

さて、礫槨の被葬者とヲワケの臣の関係であるが、これは、(3)説を妥当とするべきであろう。ヲワケ自身がみずからを顕彰する目的で作らせた剣が、東国

▼**古墳時代後期**　古墳時代を前期・中期・後期に三区分した場合の後期。前期・後期に大きく二区分した場合の後期も同じ時期を指す。横穴式石室の一般化、土器の副葬、群集墳と呼ばれる小円墳の多数造営などに特徴がある。およそ五世紀末から六世紀末の年代が与えられている。

の武蔵《むさし》地方の古墳から出土した以上、ヲワケの臣＝礫槨の被葬者＝東国の豪族と解するのが、まずはもっとも自然な解釈である。

そうでありながら、ヲワケを中央豪族とみる説が唱えられるのは、やはりそれなりの理由が存在する。

第一には、ヲワケが杖刀人の首として天下を左治したと書かれている点である。ワカタケル大王の宮廷でそれほどの地位を有していた人物であるならば、それは当然中央の有力豪族であったというのである。

天下を左治したという表現には誇張もあろうが、杖刀人の首とある以上、ヲワケが有力な地位にあったことはまちがいない。ヲワケが金象嵌の銘文入り鉄剣を中央の工房で作らせている点（銘文全体が現在形で読まれるべきであるならば、鉄剣が中央で作られたことは明らかである）も、そのことを示している。

しかし、その当時、地方の豪族が中央において有力な地位につくことはなかったということは、なんら証明されてはいないのである。『日本書紀』の記述から、外交使節や軍事指揮官の名に、五世紀代では地方豪族の名が多く見出せるという指摘もある。

第二には、ヲワケが「奉事」の根源として掲げるオホヒコを上祖とする系譜が、中央豪族である阿倍《あべ》氏や膳《かしわで》氏の系譜と対応しているという点である。オホヒコは記紀に第八代孝元《こうげん》天皇の子と伝える大毗古命《おおひこのみこと》（大彦命《おおひこのみこと》）と同一人物と考えられるが、『日本書紀』には、「大彦命、是《これ》阿倍臣・膳臣・阿閉臣《あえのおみ》・狭狭城《ささき》山君《やまのきみ》・筑紫国造《つくしのくにのみやつこ》・越国造《こしのくにのみやつこ》・伊賀臣《いがのおみ》、凡《すべ》て七族の始祖なり」とみえている。

たしかに、阿倍氏や膳氏は天皇近侍氏族的性格をもち、東国とも関係の深い氏族である。このことは、杖刀人の首であったのちの阿倍氏ないし膳氏の人物が、部下の杖刀人（稲荷山古墳礫槨の被葬者）に鉄剣を下賜したと考えるのに都合がよい。

しかし、オホヒコを祖とする氏族は、『日本書紀』が掲げるほかにも多数存在し、そこには地方豪族も多く含まれている。また、銘文に掲げる八代の系譜については、タサキワケまでの五代と、ハテヒ以下の三代は性格を異にしており、ヲワケ独自の系譜はハテヒ以下の三代のみであるとの指摘がある。つまりタサキワケまでの系譜は、ヲワケが杖刀人の首として「奉事」したことにより、加えられた可能性が高いのである。むしろ、ヲワケの前の二代（ハテヒ・カサヒヨ）

が「比垝」(ヒコ)・「足尼」(スクネ)・「獲居」(ワケ)などの称号をもたないのは、稲荷山古墳が埼玉古墳群中の最初の古墳であり、その造営者が新興の豪族と考えられることと対応している。

第三は、ヲワケの臣の「臣」を「オミ」と訓読し、カバネ▲ないしそれに通ずる称号と解したうえで、武蔵地方には臣姓《おみせい》豪族が確認できないという点である。しかし、この「臣」を「オミ」という倭語を漢字で表記したものとみるのは疑問であろう。ヒコ・スクネ・ワケなどの称号や、個人名など、銘文中の倭語はすべて、漢字の音を借りて表記されているのである。「オミ」のみが訓で表記されるというのは不自然であろう。「臣」は漢語の臣であり、「シン」と音読するのが正しいと考えられる。▲とするならば、この点はなんら問題にはならない。

このように、ヲワケを東国の豪族と考えて、そこに支障はないといえるのであるが、これに対して、ヲワケを中央豪族と考えた場合は、(1)説にも、(2)説にも、大きな疑問点が指摘できる。

(1)説に対しては、ヲワケが自身のために作らせた特別な意味をもつ鉄剣を、はたして他人の手に渡すようなことがあろうか、という疑問である。剣が作ら

▼カバネ　大和政権を構成している氏(ウジ)に対して、その性格や勢力に応じて大王から賜与されたもの。大王への従属・奉仕を示す標識である。臣《おみ》・連《むらじ》・君《きみ》・直《あたい》・造《みやつこ》・首《おびと》・史《ふひと》などがある。臣は、蘇我《そが》・巨勢《こせ》・和珥《わに》・平群《へぐり》など中央の地名をウジの名とするウジや、地方でも吉備・出雲などの有力なウジに与えられたカバネであり、大王家から分かれたという出自を称するウジに与えられた。

▼「臣」の意味　「臣」は漢語のシンと読むべきであるが、ただし、ヲワケがみずからをへりくだって称した単なる謙称とみるのも正しくないであろう。単なる謙称であるならば、「臣乎獲居」と「臣」が前にこなければならない。ここにいう「臣」は、大王に「奉事」する人々のうち、特定の人にのみ許された称号とみるのが妥当であり、カバネの前段階の呼称と考えられる。

れた年代(辛亥年＝四七一年)と、古墳に副葬された年代(五世紀末から六世紀初頭)とを考えると、作られてまもなく手放したとみなければならず、いっそうその可能性は少ないと思われる。

⑵説は、右の疑問に答えるために唱えられた説といえようが、稲荷山古墳をはじめとする埼玉古墳群の諸古墳は、「畿内」の古墳とは異なる地域的特色を有している。ヲワケが中央から派遣された人物であったならば、そのヲワケを埋葬した古墳は、おそらく稲荷山古墳のような古墳にはならなかったはずである。また、稲荷山古墳が本来礫槨の被葬者(ヲワケ)のために築造された古墳でなかったとすれば、この点も、⑵説にとっては問題になるであろう。

ヲワケは、稲荷山古墳礫槨の被葬者であり、もともと東国の豪族であったとみてよいのであり、稲荷山古墳の鉄剣銘は、五世紀後半の段階では、地方の豪族が中央に出仕し、そこで天下を左治したといえるような有力な地位につきえたことを示している点で重要なのである。

次に、ムリテについてであるが、ムリテの場合は、江田船山古墳の被葬者と考えることに、ほとんど異論はみられない。

●―江田船山古墳の横口式家形石棺

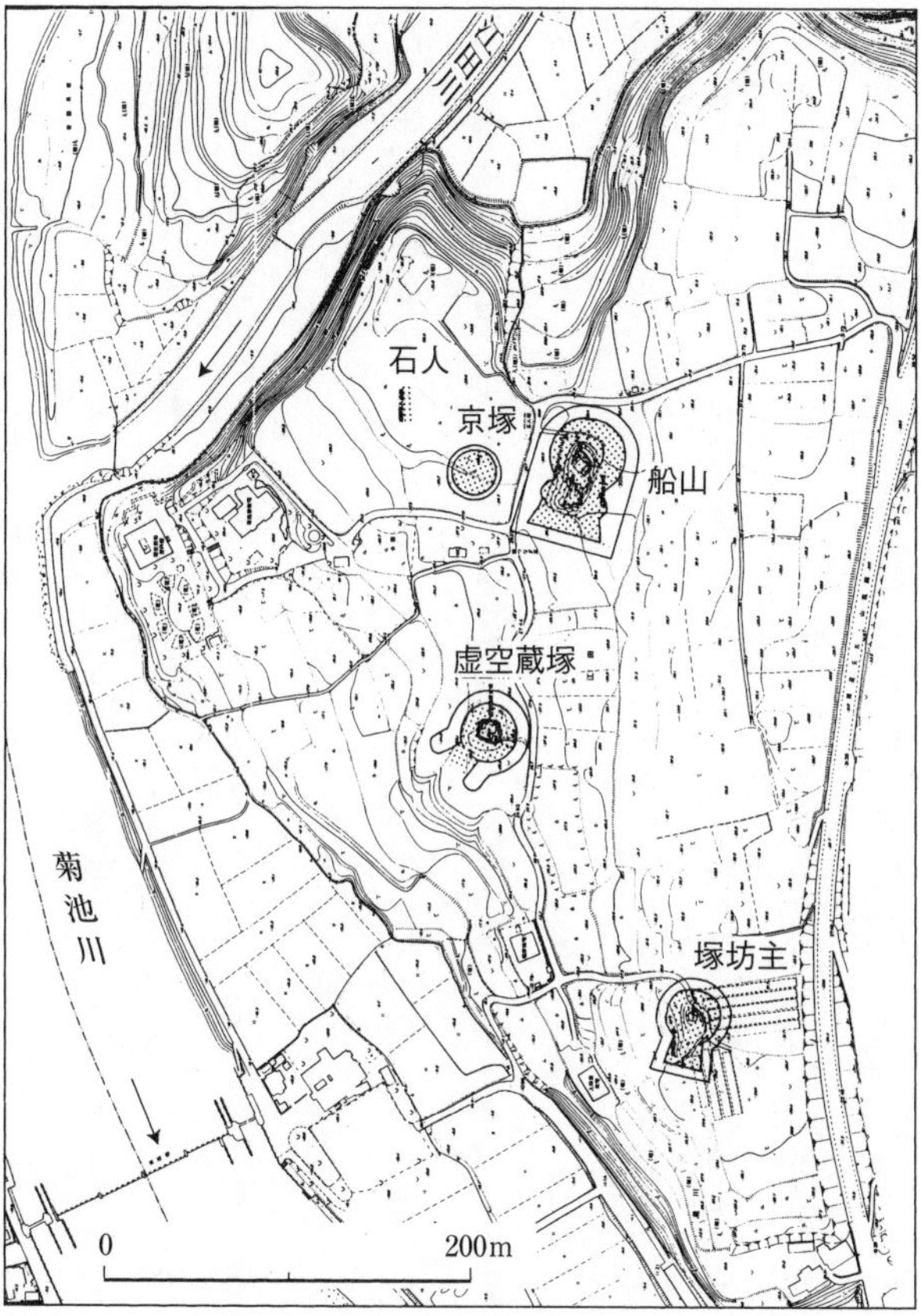

●―清原古墳群

●―江田船山古墳出土の金銅製沓(左)と耳飾(右)

江田船山古墳は、熊本県の北部を流れる菊池《きくち》川中流域に営まれた前方後円墳であり、ほかに数基の前方後円墳・円墳・墳形不明の古墳と、清原《せいばる》古墳群を構成している。墳丘の長さは約六二メートルを測り、盾形の周濠をもつ古墳である。埋葬施設は、後円部に埋納された横口式家形石棺であり、造営年代は五世紀後半から六世紀初頭と推定されている。副葬品としては、銘文入りの大刀をはじめ、直刀・剣・鉾《ほこ》・鏃・衝角付冑《しょうかくつきかぶと》・短甲《たんこう》などの武器・武具類、神人車馬画像鏡・画文帯神獣鏡などの鏡、勾玉・管玉《くだたま》・金銅製耳飾・冠帽《かんぼう》・帯金具などの装身具類、轡・輪鐙《わあぶみ》などの馬具類、金銅製沓《くつ》など、非常に多くのすぐれた品々が発見された。

清原古墳群には、ほかに全長約四七メートルの塚坊主《つかぼうず》古墳と、全長約五三メートルの虚空蔵塚《こくぞうづか》古墳の二基の前方後円墳が残されており、塚坊主古墳は、横穴式石室内部に三角文のある家形石棺を納める古墳であり、江田船山古墳よりものちの築造と考えられている。また、すでに墳丘の消滅した古墳のなかには、京塚《きょうづか》古墳のように、埴輪の形から江田船山古墳より古いとみられる古墳も存在する。清原古墳群の造営集団が菊池川中流域を本拠とした豪族であることはまちがいなく、江田船山古墳の被葬者は、歴代族長のなかでもとくに有力な人物であったと考えられる。

江田船山古墳の大刀銘は、九州地方の豪族であったムリテが、中央に出仕し、典曹人としてワカタケル大王に仕え、その後帰国し、死去して江田船山古墳に埋葬されたことを物語っているのである。

杖刀人と典曹人

ヲワケの臣は杖刀人の首であったが、「杖刀人」というのは、「刀《かたな》を杖《つえ》つく人」の意であり、大王の身辺警固にあたった人々を指す呼称と考えられている。全国各地から中央へ出仕してきた地方豪族らにより、杖刀人が組織されたのである。おそらくヲワケも、本来は一人の杖刀人として出仕したのであり、長い間大王に仕えるなかで、その首に抜擢されたものと推定される。

杖刀人に対して、ムリテの「典曹人」というのは、文筆をもって大王に仕えた人々を指す呼称と考えられる。典曹人の「典」は、「ふみ」「のり」などの意味のほかに、「つかさどる」という動詞の意味があり、「杖刀人」が「刀を杖つく人」であるならば、「典曹人」は「曹を典《つかさど》る人」ということになる。▲そして「曹」は、「つかさ」「役所」の意味であるから、「典曹人」は、「役所をつかさどる人」というごく一般的な呼称となるが、「典」の字義からすれば、「役所の文書をつかさどる人」の意に解するのが妥当であろう。

ワカタケル大王の時代には、大王に仕える人々を、ある場合は杖刀人、ある場合は典曹人として、その職掌によって区分することが行なわれていたのである。杖刀人や典曹人に組織されたのは、地方豪族に限らず、中央の豪族や渡来人なども含まれていたと考えられるが、そこには、杖刀人首―杖刀人という指揮・命令系統もすでに存在していた。それは、大和政権の支配組織の一つである伴造《とものみやつこ》・部民《べのたみ》制▲と共通した特徴をもつものといえよう。ただし、「部」の呼称はいまだ成立しておらず、部民制ほどその職掌は細かく区分されていなかったと考えられる。

むしろ、杖刀人・典曹人という呼称に注意するならば、それは、大王に仕える人々を「武官」と「文官」の二つに分けたにすぎないような簡素な組織であったとみるべきであろう。いいかえれば、大王を支える組織が形成されはじめてま

▼**「典」の意味**　律令制下の官司には、「典薬」「典膳」など「つかさどる」という動詞の意味で「典」を用いている例が多い。『日本書紀』雄略天皇八年二月条にみえる「典馬」(ウマカヒ)も同様である。

▼**伴造・部民制**　大和政権の職務分掌の組織であり、支配組織でもある。大和政権のさまざまな職務は、それぞれ伴造が伴《とも》・部《べ》を率いて分掌した。伴造には中央の豪族が任命されたが、部は各地に設置され、その部をそれぞれの地において掌握する地方の伴造も置かれ、それには地方豪族が任命された。

もない頃の、原初的組織であったということである。

　また、ヲワケが大王への「奉事」の根源として、オホヒコを祖とする八代の系譜を掲げていることは、のちの氏族系譜と共通した性格をもっている。銘文のオホヒコが記紀の大毗古命(大彦命)と同一人物と考えられることは、記紀に伝えるとおりのオホヒコ伝承がワカタケル大王の時代にすでに成立していたことを示すものではないが、記紀のオホヒコがいわゆる四道《しどう》将軍▲の一人として北陸地方に派遣されたと伝えられることは、銘文のオホヒコ像とも対応している。オホヒコを、遠い昔に武人として大王に仕えた英雄とする程度の伝承は、当時すでに成立していたとみなければならない。二つの銘文に氏(ウジ)名はみえないし、ヲワケの臣の「臣」も、先に述べたようにカバネの「オミ」ではないが、のちの氏姓制度▲の原形は成立していたとみてよい。

　いっぽう、其の児、其の児で結ばれる八代の系譜は、実際の父子関係ではなく、伝承上の地位継承の次第を指していると考えられるが、このような系譜が語られることからすれば、大王位の継承次第も、すでに成立していたとみるのが自然であろう。ただその場合の王位継承次第は、一つの血統に固定化された

▼**四道将軍**　『日本書紀』には、第十代崇神《すじん》天皇の時のこととして、大彦命が北陸、武渟川別《たけぬなかわわけ》が東海、吉備津彦《きびつひこ》が西道、丹波道主命《たにわのちぬしのみこと》が丹波に、それぞれ将軍として派遣され、服属しない者を討伐せよと命じられたとある。これを四道将軍と呼んでいる。『古事記』にも同様の話がみえるが、そこでは西道が欠けている。

▼**氏姓制度**　大和政権の支配制度。大和政権を構成する豪族は、氏(ウジ)という政治・社会組織に編成された。ウジは、同一の祖を称する大王に仕える集団であり、血縁集団であることを原則としたが、実際には血縁関係にない人々を含むことも多い。大王は、ウジの性格や勢力に応じて各種のカバネを賜与し、ウジを統制した。

王統譜である必要はない。当時、王統譜が存在していたとしても、それはオホヒコ系譜と同様、地位の継承の次第を語ったものとみるべきであろう。

ワカタケル大王の時代は、大王位を支える組織が形成され、王権の超越化が進みはじめてまもない時期であった。大王が一豪族としての性格から、それを支える組織をもった特殊な権力者に変化していくなかで、大王位をめぐる争いは、当然激しくなっていったものと推定される。

記紀の伝承によれば、雄略天皇の即位▲は多くの近親者を殺害したうえでの即位と伝えられ、天皇の死後もその子の清寧《せいねい》天皇を廃そうとする反乱▲があったとされている。これらの伝承をそのまま事実とみることはできないが、激化した王位継承争いを反映した伝承とみることは可能であろう。大王位をめぐる争いが続くなかで、やがてその争いを回避するため、大王位を一つの血統に固定化するという方法がとられるようになったのであるが、それはいますこし先のこと、すなわち六世紀代に入ってからのことであった。

そして、五世紀後半の段階においては、いまだ各地の豪族は、独自の支配領域をもち、大王権力はその内部にまでおよんでいなかったことも指摘できる。

▼**雄略天皇の即位をめぐる伝承**
雄略天皇の前の安康天皇(雄略天皇の兄)は、大草香皇子《おおくさかのみこ》(仁徳天皇の子)の子である眉輪王《まよわのおおきみ》に殺害され、それをうけて雄略天皇は、眉輪王と同母兄の八釣白彦《やつりのしろひこ》皇子・坂合黒彦《さかあいのくろひこ》皇子、および眉輪王らをかくまった葛城円大臣《かずらきのつぶらのおおおみ》を殺害したという。また、履中天皇の子である市辺押磐《いちべのおしは》皇子(第二十三代顕宗《けんぞう》天皇・第二十四代仁賢《にんけん》天皇の父)を殺害したうえで即位したとされる。

▼**雄略天皇死後の反乱伝承**　『日本書紀』によれば、雄略天皇と吉備の稚媛《わかひめ》との間に生まれた星川《ほしかわ》皇子が、雄略天皇の死後、母とともに反乱をおこしたが、大連《おおむらじ》の大《おお》伴室屋《とものむろや》らによって討たれたとある。吉備上道臣《かみつみちのおみ》らは星川皇子を救援しようと軍船を派遣したが、すでに皇子が殺害されたと聞いて引き返したとされる。なお、この話は『古事記』にはみえない。

そのことは、ムリテが大刀銘に「統ぶる所を失わず」と記し、みずからの統治権の安泰を願っていることによく示されている。全国各地の豪族は、杖刀人・典曹人として大王に従属したのであるが、その関係は、倭王が安東(大)将軍として中国皇帝に従属したのと似たところがあったといえよう。

「ワケ」の称号と大王

稲荷山古墳出土の鉄剣銘で、いまひとつ注目される点は、ヲワケの掲げる八代の系譜のうち、三代目のテヨカリワケから、タカヒシワケ、タサキワケと、三代にわたって「ワケ」の称号のみえることである。ヲワケ自身も、その名に「ワケ」を含んでいる。

記紀をはじめ古代の諸史料には、ワケ(別・和気)の呼称が多くみえるが、史料上のワケの用法には、カバネとしてのワケ、人名の一部としてのワケ、ウジ名としてのワケなどがある。この「ワケ」の呼称については、本来は倭国内の諸首長が称した称号であり、五世紀中頃以前は、大王も地方豪族もひとしくワケを称していたとする説がある。

たしかに、応神天皇のホムタワケ、履中天皇のイザホワケ、反正天皇のミズハワケなど、倭の五王の讃・珍に比定される五世紀前半の天皇は、ワケを含む名が伝えられている。記紀に伝えるこれらの天皇名が、その当時の名である証はないが、五世紀後半の段階で、称号としてのワケと、人名の一部としてのワケが実際に用いられていたことは、稲荷山古墳の鉄剣銘に明らかである。

ほかにワケの名で伝えられる天皇としては、十二代景行《けいこう》天皇（オホタラシヒコオシロワケ）、二十三代顕宗《けんぞう》天皇（ヲケノイワスワケ）、三十八代天智《てんじ》天皇（アメミコトヒラカスワケ）の三天皇があげられる。景行・顕宗両天皇は実在が不確かであり、天智天皇のアメミコトヒラカスワケは死後におくられた和風の諡号《しごう》であるが、オシロワケの名をもつ景行天皇にかけて、皇子分封説話の語られていることは、ワケの性格を考えるうえで注意される。

記紀によれば、景行天皇には八〇人の子があり、そのうち成務《せいむ》天皇と倭建命《やまとたけるのみこと》（日本武尊）と五百木之入日子命《いおきのいりひこのみこと》（五百城入彦皇子）の三人を除く七七子は、すべて各地に派遣され、それぞれその地に封じられたというのである。『日本書紀』には、「今《いま》の時《よ》に当《あた》りて、諸国《くにぐに》の別《わけ》と謂《い》へるは、即《すなわ》ち其《そ》の別王《わけのみこ》の苗裔《みあなすえ》なり」

とも書かれている。

『日本書紀』にいう「今の時」がいつのことか、はっきりはしないが、この皇子分封説話は、その時に、ワケを称していた各地の首長は、そのすべてが天皇家からわかれたものである、ということをいおうとした説話である。この説話自体は、王統が一つの血統に固定化し、大王家が成立したのちに作られたものであるが、このような説話が語られるためには、実際に、各地の豪族がワケを称していた時期がなければならないであろう。

そして、大王もワケを称していたとするならば、その時期の「ワケ」は、まさしく連合政権段階の各地の首長が共有した称号であったといえるであろう。もちろん、ワカタケル大王（雄略天皇）の時代には、大王はすでにワケを称してはいないし、ヲワケの「ワケ」も首長の称号ではない。しかし、ワカタケル大王の一世代前の履中天皇・反正天皇がワケを称していたならば、このワケの呼称からも、ワカタケル大王の時代が、連合政権の段階を脱してまもない時期にあったことが考えられるであろう。

雄略天皇は、『万葉集』▲巻一の巻頭に歌を載せる天皇であり、『日本霊異記』▲の

▼万葉集　奈良時代に編集された歌集。全二〇巻。編纂過程については不明な点が多いが、最終的には大伴家持《やかもち》によってまとめられたと考えられている。巻一の巻頭の歌は、実際に雄略天皇が歌ったものとは考え難いが、巻頭の歌を雄略天皇の歌にしようとした編者の意識をうかがうことはできる。

▼日本霊異記　薬師《やくし》寺の僧景戒《けいかい》の著わした仏教説話集。全三巻。九世紀初め頃の成立。中国の『冥報記《めいほうき》』『般若験記《はんにゃげんき》』などにならって、日本における仏教の因果応報を説く奇事奇譚を集めたもの。最初の説話は、雄略天皇に命じられて、少子部栖軽《ちいさこべのすがる》が雷をとらえるという話。この説話に示されるように、直接仏教とは関係のない説話も載せられている。

最初の説話も雄略天皇の時の話とされている。八世紀以降の人々にとって、雄略天皇は特別な天皇として認識されていたようである。雄略朝が歴史上の画期であったと指摘されることも多い。

　これまで述べてきたことからすれば、雄略朝は、画期というよりも、むしろ過渡期とみるべきであろう。ただ、雄略天皇＝倭王武＝ワカタケル大王が、激化しつつあった王位をめぐる争いを勝ち抜いた強力な大王であり、さらには、中国との冊封関係から脱却した独自の支配領域（天下）をもつ君主（治天下大王）▲として、大いにその王権を伸長させた大王であったことは確かといえよう。

▼**治天下大王**　江田船山古墳の大刀銘には「治天下」ワカタケル大王とあり、稲荷山古墳の鉄剣銘にも「左治天下」の語がみえる。このような「天下」という認識が成立したのは、ワカタケル大王（倭王武）が、中国との冊封関係を放棄したことと関係すると考えられる。

③―継体・欽明朝と反乱伝承

継体天皇の登場

記紀によれば、雄略天皇の死後は、その子の清寧《せいねい》天皇が即位したという。しかし清寧天皇には子がなく、その死後は、播磨《はりま》(兵庫県南部)に隠れ住んでいた市辺押磐皇子《いちべのおしはのみこ》の子である億計《おけ》・弘計《をけ》の二王が迎えられ、互いに譲り合ったのち、先に弟の弘計王が即位し(第二十三代顕宗《けんぞう》天皇)、その死後に兄の億計王が即位した(第二十四代仁賢《にんけん》天皇)とされる。そして、仁賢天皇の次にはその子の武烈《ぶれつ》天皇が即位したが、武烈天皇にもまた子がなく、その死後は、応神天皇の五世孫である男大迹王《をおどのおおきみ》(袁本杼命《をおどのみこと》)が天皇に迎えられたという。これが、第二十六代とされる継体《けいたい》天皇である。

雄略天皇の死後、継体天皇の即位までの間、四代の天皇が続いたとされるのであるが、記紀に伝えるこれらの天皇についての記述は、いずれも物語的であり、なかには、実在を疑われている天皇も含まれている。この間の事実を、記紀の記述から復元するのは困難であるが、雄略天皇の時に一段と強化された王権をめぐる争いが、天皇の死後に一層激しくなり、その後混乱した情況が続いていたと推定される。継体天皇の登場自体も、そのような情況にあったことを示すものであろう。

『日本書紀』によれば、継体天皇は、大伴金村《おおとものかなむら》・物部麁鹿火《もののべのあらかい》・許勢男人《こせのおひと》ら大和の有力豪族によって、越前《えちぜん》の三国《みくに》（福井県坂井市）から迎えられて即位し、即位の際には、大伴金村から仁賢天皇の女《むすめ》の手白香皇女《たしらかのひめみこ》を立てて皇后とし、その間に跡継ぎをもうけることを奏請され、それを承諾したとされる。また、継体天皇は、西暦にして五〇七年に河内の樟葉《くすは》宮（大阪府枚方《ひらかた》市）で即位し、その後五一一年に山背の筒城《つつき》（京都府綴喜《つづき》郡）、さらに五一八年に弟国《おとくに》（京都府乙訓《おとくに》郡）に遷り、ようやく五二六年に大和の磐余玉穂《いわれのたまほ》宮（奈良県桜《さくら》井《い》市）に入ったとされる。『古事記』では、近江（滋賀県）から迎えられたことになっており、また都を転々としたという記事はみえない。所伝に違いがあるが、そもそも武烈天皇以降の『古事記』の記述は、『日本書紀』に比べてずっと簡略であり、帝紀的な記事▲しか載せられていない。ただ、仁賢天皇の女の手白髪命《たしらかのみこと》（手白香皇女）との婚姻を即位の条件としたという点は、『古事記』にもその旨が記されている。

▼**帝紀的記事**　帝紀は、旧辞とともに記紀の主要な原資料。旧辞が神話や物語などを内容とするのに対し、帝紀は、天皇の系譜・宮号・后妃皇子女・陵墓などを伝えたものと考えられている。『古事記』の武烈天皇以降の記事には、物語的な記事はなく、原則として天皇の系譜など、帝紀を原資料としたと考えられる記事のみが載せられている。

このような継体天皇の即位に関する記紀の記述は、そのほかの天皇の場合と比べて、明らかに異例である。まず、応神天皇の五世孫については、万世一系の皇統観に基づいた作りごとである可能性が高い。『釈日本紀《しゃくにほんぎ》』▲に引用される『上宮記《じょうぐうき》』▲には、「一云」として応神天皇から継体天皇までの詳しい系譜が記されており、「一云」は一般的には七世紀にさかのぼる史料と考えられている。とすると、応神天皇五世孫とする系譜は、記紀以前からの系譜ということになる。しかし、だからといって、それが事実の伝えとは限らない。また、たとえ事実であったとしても、応神天皇五世孫といえば、雄略天皇以降の天皇たちとは、血縁関係になかったのも同然である。

次に、記紀で所伝の異なる継体天皇の出身地については、記紀に伝える天皇の妻たちの出身地からみて、近江を本拠としていたとみるのが妥当であろう。『日本書紀』に伝える九人の妻のうちの四人、『古事記』に伝える七人の妻のうちの四人が、近江の出身者である。また『日本書紀』には、継体天皇の父の彦主人王《ひこうしのおおきみ》は、近江に振媛《ふるひめ》を迎えて妻とし、継体天皇をもうけたが、彦主人王の死後、振媛は出身地の越前に帰って継体天皇を養育した、という伝えも載せ

▼**釈日本紀**　卜部兼方《うらべかねかた》により鎌倉時代中期に著わされた『日本書紀』の注釈書。全二八巻。数多くの古文献を引用した客観的注釈書であり、現在に伝わらない文献を多く引用している点でも価値がある。『上宮記』もその一つ。

▼**上宮記**　現在には伝わらないが、『釈日本紀』や『聖徳太子平氏《しょうとくたいしへいし》伝雑勘文《でんざっかんもん》』(『聖徳太子伝暦《でんりゃく》』の注釈書。一三一四年、橘《たちばな》寺の僧法空《ほうくう》の撰。なお『聖徳太子伝暦』は平安時代に成立した聖徳太子の伝記)などにその逸文が引用される。逸文のほとんどは皇統譜であり、それは、その形式や用字から、記紀以前の古い成立と考えられている。

●和歌山県隅田八幡宮所蔵人物画象鏡

●『上宮記』「一云」にみえる継体天皇の系

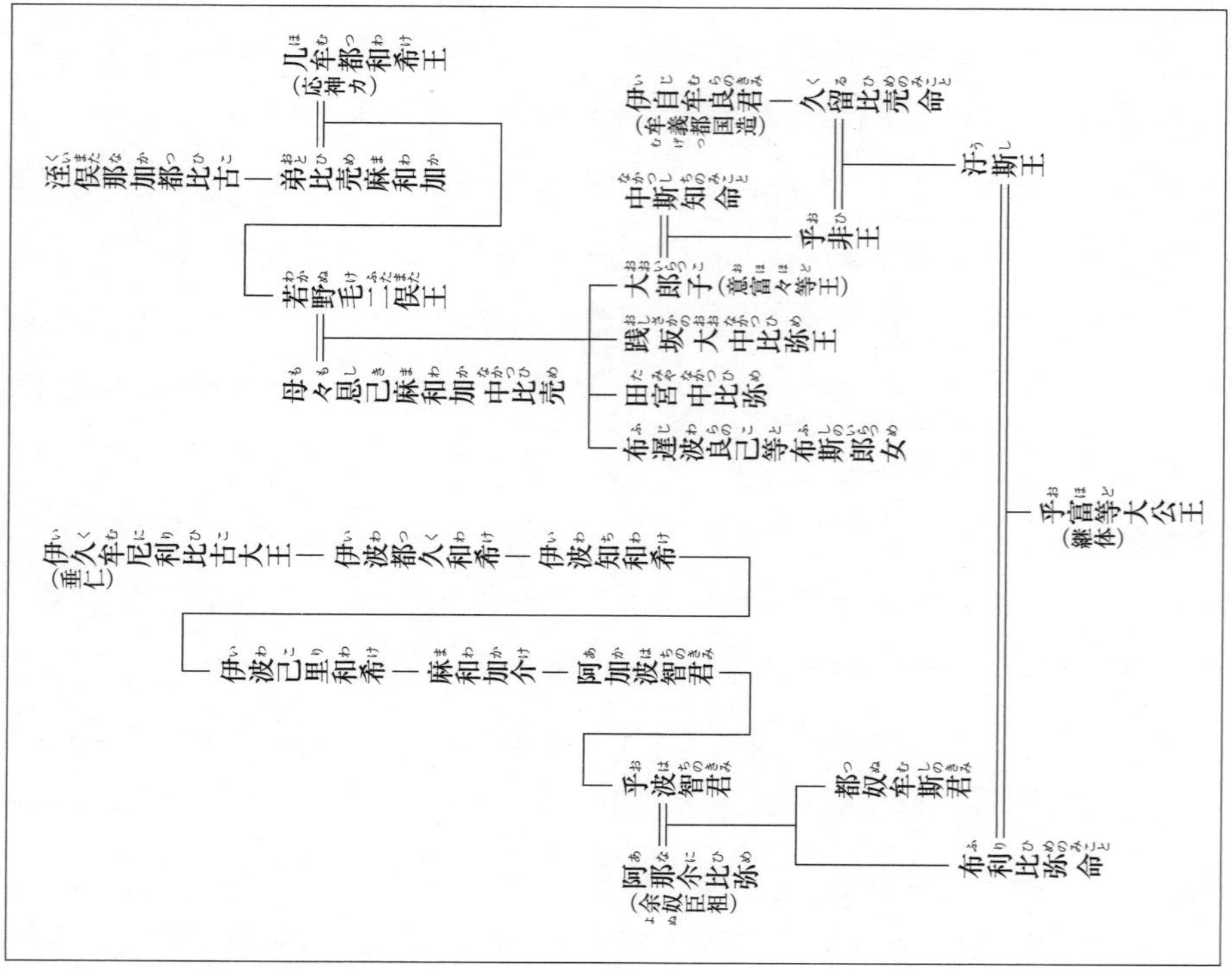
凡牟都和希王《ほむつわけおう》（応神カ）
汙俣那加都比古《くいまたなかつひこ》
弟比売麻和加《おとひめまわか》
若野毛二俣王《わかぬけふたまたおう》
母々恩己麻和加中比売《ももしきまわかなかつひめ》
伊自牟良君《いじむらのきみ》（牟義都国造《むげつ》）
久留比売命《くるひめのみこと》
中斯知命《なかつしちのみこと》
乎非王《おひ》
大郎子《おおいらつこ》（意富々等王《おほほど》）
践坂大中比弥王《おしさかのおおなかつひめ》
田宮中比弥《たみやなかつひめ》
布遅波良己等布斯郎女《ふじわらのことふしのいらつめ》
汙斯王《うし》
伊久牟尼利比古大王《いくむにりひこ》（垂仁）
伊波都久和希《いわつくわけ》
伊波知和希《いわちわけ》
伊波己里和希《いわこりわけ》
麻和加介《まわかけ》
阿加波智君《あかはちのきみ》
乎波智君《おはちのきみ》
阿那尒比弥《あなにひめ》（余奴臣祖《よぬ》）
都奴牟斯君《つぬむしのきみ》
布利比弥命《ふりひめのみこと》
乎富等大公王《おほど》（継体）

●—今城塚古墳

●—継体天皇関係図(宇治市教育委員会編『継体王朝の謎』による)

られている。

なお、和歌山県橋本市隅田八幡宮《すだはちまんぐう》所蔵の人物画像鏡の銘文▲には、「癸未年」に「男弟王」が「意柴沙加宮《おしさか》」にいたとあるが、この「癸未年」を五〇三年、「男弟王」(「男」は「乎」とも読める)を「ヲオト王」すなわち継体天皇とする説がある。「意柴沙加宮」は大和の押坂宮《おしさか》(奈良県桜井市)と考えられるから、そうであるならば、継体天皇は即位以前から大和にいたことになる。しかし、銘文の主旨からすれば、「意柴沙加宮」にいた王は、「癸未年」(五〇三年)当時の大王と解すべきであり、その大王は継体天皇(『日本書紀』によれば五〇七年即位)ではなく、その一代前の大王とみるべきであろう。ただほかにも、「男弟王」を普通名詞とみて大王の弟とする説や、「癸未年」を四四三年とする説もあって、銘文の解釈は確定的ではない。

継体天皇が前の大王とは直接血縁関係にない大王であり、地方豪族出身の大王であったこと、これらは事実とみてよいであろう。継体天皇の即位を王朝交替とみる見方▲もあるが、前章で述べたように、五世紀代においてはいまだ王朝と呼べるものは存在していなかったと考えられるのであり、継体天皇の即位を、

▼隅田八幡宮所蔵人物画像鏡銘　銘文は不明な文字を多く含むが、およそ次のように読むことができる。

癸未年八月日(日)十(六)大王年(旨)男(乎)弟王
在意柴沙加宮時斯麻念長寿遣(奉)
開(辟)中費直穢人今州利二人(尊)等(所)取
白上同二百旱作此竟

▼王朝交替説　日本古代においては、記紀が伝えるとおりの万世一系の皇統が続いていたのではなく、いくつかの王朝の交替があったとする説。本格的には第二次大戦後まもなく唱えられた説であり、研究史上の意味は大きい。崇神《すじん》王朝(三輪《みわ》王朝)、応神・仁徳王朝(河内王朝)、継体王朝の三王朝の交替を説くのが王朝交替説においては一般的である。

王朝交替と呼ぶのは適切ではないであろう。

『日本書紀』に伝える大和入り以前の継体天皇の諸宮(樟葉・筒城・弟国)は、いずれも淀《よど》川水系に位置し、継体天皇の墓と考えられている今城塚《いましろづか》古墳▲(大阪府高槻《たかつき》市)も、同地域に営まれている。これは、継体天皇が即位以前から、近江の琵琶《びわ》湖と大阪湾とを結ぶ淀川水系に、広く勢力をのばしていたことを示すものであろう。

継体天皇の即位は、即位以前から「畿内」にも勢力をのばしていた有力な地方豪族が、前大王の女を妻とすることを条件に、諸豪族によって「共立」された、とみるのが妥当であろう。もちろん、すべての豪族が継体天皇の即位を積極的に支持していたとは考えられない。『日本書紀』に、大和入りまで時間がかかったと伝えられていることは、継体天皇に敵対する勢力があったことを示す、との説もある。

継体天皇は、王位・王権の簒奪者ではなく、それ以前の大和政権を継承した大王であったが、その即位は、けっして平和裏に行なわれたものではなかったであろう。

▼今城塚古墳　全長約一九〇メートルの前方後円墳。六世紀前半頃の築造と推定されており、この頃の前方後円墳としては全国最大規模。宮内庁が継体天皇陵とするのは、太田茶臼山《おおたちゃうすやま》古墳(大阪府茨木《いばらき》市。前方後円墳、全長約二二六メートル)であるが、この古墳は五世紀中頃の築造と考えられており、継体天皇の墓としてふさわしくない。

筑紫君磐井の反乱

継体天皇の晩年には、筑紫(北九州)の豪族である磐井《いわい》が反乱をおこすという大事件があった。『日本書紀』によれば、磐井の乱の経過はおよそ次のとおりである。

継体天皇二十一(五二七)年六月、近江毛野臣《おうみのけぬのおみ》が軍兵六万を率いて任那におもむき、新羅に破られた南加羅《ありひしのから》・喙己呑《とくことん》(いずれも加羅地域の一国)を再興して任那に合わせようとした。筑紫国造磐井は、かねて反逆を企て、機をはかっていたが、それを知った新羅は、磐井に賄賂をおくって毛野臣の軍を防ぐように勧めた。そこで磐井は、火国《ひのくに》(佐賀県・長崎県・熊本県)、豊国《とよのくに》(福岡県東部・大分県)の二国にも勢力を張り、朝廷の命をうけず、海路を遮断して高句麗・百済・新羅・任那からの朝貢の船を奪い、毛野臣の軍をさえぎった。そのため毛野臣の軍は前進できず、中途にとどまったままであった。継体天皇は、大伴金村らとはかり、物部麁鹿火を将軍とすることに定め、同年八月、麁鹿火に磐井の征討を命じた。翌年(五二八年)の十一月、麁鹿火はみずから磐井と筑紫の御井《みい》(福岡県三井《みい》郡)で戦い、激戦のすえ、ついに磐井を斬って反乱を鎮圧し、

▼**芸文類聚**　中国唐の初めに成立した類書。勅命により欧陽詢《おうようじゅん》が編集し、六二四年に撰上。全一〇〇巻。日本には早くから伝来し、『日本書紀』の叙述に、その文例が多く利用されている。

境を定めた。同年十二月、磐井の子の筑紫君葛子《つくしのきみくずこ》は、父に連座して殺されるのを恐れ、糟屋屯倉《かすやのみやけ》（福岡県糟屋郡）を献上して死罪をあがなうことを請うた。

磐井の乱についての記述は、『日本書紀』がもっとも詳しいが、『日本書紀』の記述のすべてを、事実の伝えとみるのは問題である。そこには、『芸文類聚《げいもんるいじゅう》』▲に基づいて作られたことが明らかな文章が、数多く含まれている。また、新羅に破られた南加羅・喙己呑を復興するために毛野臣の軍が派遣されたとあるが、続く『日本書紀』の記述（継体天皇二十三年条）では、南加羅が新羅に奪われたのは磐井の乱後の五二九年のこととされており、記述に矛盾のみられる点も指摘できる。

しかし、『古事記』の継体天皇段や、『釈日本紀』所引の『筑後国風土記《ちくごのくにふどき》』▲逸文、さらに『先代旧事本紀《せんだいくじほんぎ》』▲の「国造本紀」にも磐井の乱に関する記事があり、いずれも継体朝の事件と伝えている。一つの事件について、これだけ多くの文献に記事があるというのは、古代においてはめずらしく、磐井の乱が、八世紀以降の人々にも大きな事件として認識されていたことを示している。六世紀前半の継体朝において、筑紫の豪族であった磐井が反乱をおこし、大和政権によって討

▼筑後国風土記　風土記は、七一三年の律令国家の命をうけ、諸国がそれぞれの地誌を編纂したもの。現在に伝わるのは五カ国（常陸《ひたち》・播磨・出雲・豊後《ぶんご》・肥前《ひぜん》）の風土記のみであり、『筑後国風土記』は、『釈日本紀』にその逸文が伝えられるにすぎない。

▼先代旧事本紀　神代から第三十三代推古《すいこ》天皇までの歴史書。『旧事本紀』『旧事紀』ともいう。全一〇巻。蘇我馬子《そがのうまこ》らの序文があるが、実際は平安時代の初め頃に、物部氏系の人物によって編纂されたものと考えられている。古い伝えに基づく独自の記述もあり、巻一〇の「国造本紀」はその一つ。「国造本紀」にはおよそ一三〇ほどの国造が掲げられ、その初代の名と系譜、任命時期などが記されている。

たれたこと、これは事実とみてよいであろう。

ただ、この事件を「反乱」とみることには、反対意見も出されている。たしかに、すでに成立していた統一国家の中央権力に対する反乱、とみることには問題があるであろう。継体朝にすでに統一国家が形成されていたか、あるいは国家そのものが成立していたかどうかは、意見のわかれるところである。しかし、連合政権の段階にあったとしても、その盟主は、前方後円墳の成立以来、一貫して「畿内」の大王であったのであり、倭国を代表しての外交権も「畿内」の大王が掌握していたのである。磐井の乱を、「反乱」とみるのに問題はないであろう。

『日本書紀』には、磐井が毛野臣に向かって、「今こそ使者《つかいひと》たれ、昔は吾が伴《ともだち》として、肩《かた》摩《す》り肘《ひじ》触《す》りつつ、共器《おなじけ》にして同食《ものくら》ひき。安《いずくに》ぞ率爾《にわか》に使となりて、余《われ》をして儞《い》が前に自伏《したが》はしめむ」といった、という記事も載せられている。おそらくこれは、『日本書紀』編者の作文であろうが、『日本書紀』編者は、かつて磐井は中央に出仕し、毛野臣らとともに大王に仕えた、としているのである。ワカタケル大王の時代の杖刀人・典曹人のことを考えるならば、この認識自体は、事実に基づくものとみてさしつかえない。

●—岩戸山古墳出土の石馬

●—岩戸山古墳出土の石人

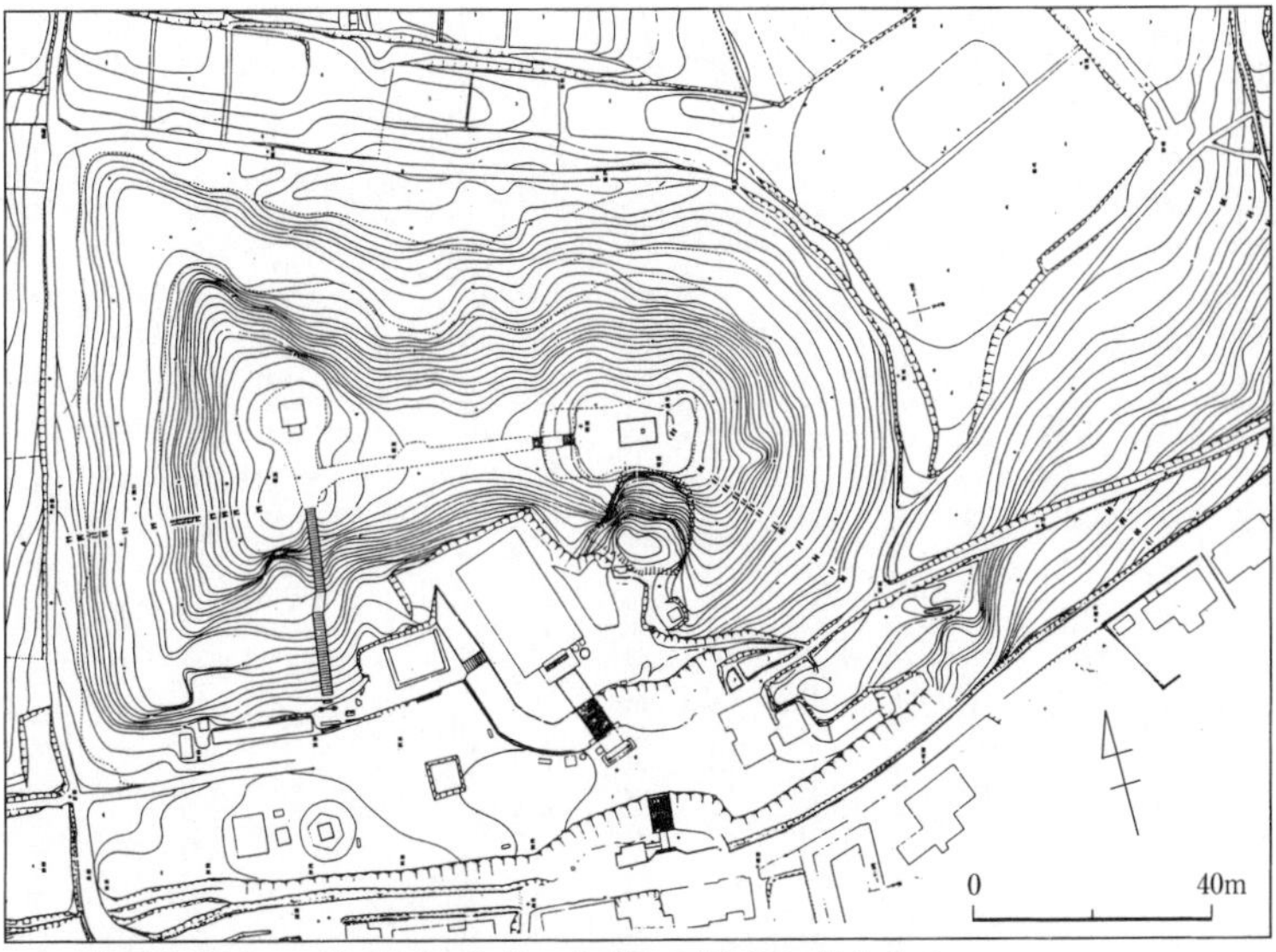

●—岩戸山古墳　墳丘の東北部に方形の平坦部が存在する。

また、『筑後国風土記』には磐井の墓についての詳しい記述があり、それによれば、磐井の墓は福岡県八女《やめ》市の岩戸山《いわとやま》古墳に比定することができる。岩戸山古墳は、全長約一三〇メートルを測る北九州最大の前方後円墳であり、六世紀前半の築造と推定されている。この時期の古墳としては、「畿内」の最大級の古墳と比べてもひけをとらない規模である。

墳丘の東北には、方形の平坦部(造り出し)があり、『筑後国風土記』ではそれを「衙頭《がとう》」と呼び、裁判の行なわれた場所としている。岩戸山古墳の墳丘やその「衙頭」からは、多数の石人《せきじん》・石馬《せきば》などの石造物が発見されたが、そのような石造物は、福岡・大分・佐賀・熊本・宮崎の各県に広く分布している。

岩戸山古墳の規模や石人・石馬などの分布からすると、磐井が火・豊の二国にも勢力を張っていたとする『日本書紀』の記述も、事実に基づく可能性が高い。

そして、新羅が磐井に反乱を勧めたとする記述も、当時の朝鮮半島の情勢を考えると、いちがいに作り話とはいえない。その頃の朝鮮半島では、加羅地方をめぐって百済と新羅の抗争が激しさを増しており、大和政権は、百済との関係を深めることで加羅地方に対する利権を確保しようとしていた。したがって、磐井が大和政権に対して反乱をおこそうとしていたならば、新羅がその磐井と結ぼうとしたというのは、十分考えられる話である。すくなくとも、事件の背景に朝鮮半島問題の存在していたことはまちがいないであろう。

ところで、『日本書紀』では磐井を「筑紫国造磐井」と記しているが、実際に磐井が国造の職にあったかどうかは疑問である。『日本書紀』でも「筑紫国造磐井」と記すのは一カ所のみであり、ほかは単に「磐井」あるいは「筑紫磐井」と記し、子の葛子については「筑紫君葛子」と記している。『古事記』や『筑後国風土記』にも「竺紫君石井《つくしのきみいわい》」「筑紫君磐井」とあって、「国造」とはされていない。むしろ、『日本書紀』に磐井を討ったのちに境を定めたとあることや、乱後に葛子が屯倉(ミヤケ)を献じたとあることなどからすると、この地域に国造制が実施されたのは、磐井の乱後と考えたほうがよいであろう。

国造制の実施がその国(クニ)の境界の画定をともなうものであったことは、次章で改めて述べるが、大和政権が国造制という新たな地方支配制度を実施していこうとしたこと、それが、磐井の乱の原因の一つであったと考えられる。磐井は、そのような大和政権の動きに反発したのであり、また大和政権は、磐井を討つことにより、はじめて制度をともなったかたちでの地方支配を行なうことが可能になったのである。磐井の乱の最大の意義は、この点に求められなければならない。

武蔵国造職をめぐる反乱伝承

『日本書紀』には、継体天皇の次の天皇とされる安閑《あんかん》天皇の元年、西暦にして五三四年のこととして、次のような事件があったと伝えている。

武蔵国造《むさしのくにのみやつこ》の笠原直《かさはらのあたい》使主《おみ》と同族の小杵《おき》とは、国造の職を争って何年も決着がつかなかった。小杵は、性格が粗暴で反逆心があり、高慢で順うところがなかった。そしてひそかに上毛野君《かみつけぬのきみ》小熊《おくま》のもとにおもむいて援助を求め、使主を殺害しようと謀った。使主はそれに気づいて逃げ出し、京にのぼってその情況を報告した。朝廷は裁断をくだして使主を国造に任命し、小杵を誅殺した。国造の使主は、かしこまりよろこび、だまっていることができずに、謹んで国家のために横渟《よこぬ》・橘花《たちばな》・多氷《おおひ》・倉樔《くらす》の四カ所の屯倉を設置した。

武蔵国造の職をめぐって、笠原直使主と同族の小杵が争い、それに上毛野氏▲

▼**上毛野氏**　上毛野地方（群馬県）を本拠とした氏族。姓《かばね》ははじめ君、六八四（天武天皇十三）年の八色《やくさ》の姓（真人《まひと》・朝臣《あそみ》・宿禰《すくね》・忌《いみ》寸《き》・道師《みちのし》・臣《おみ》・連《むらじ》・稲置《いなぎ》）制定により朝臣を賜与された。大化以前から中央にも勢力をもったと推定され、蝦夷に対する軍事行動や、朝鮮半島への軍事行動、外交などに従事したことが伝えられる。在地の上毛野氏は、上毛野国造の職を世襲したと考えられる。

も介入したというのであるが、この『日本書紀』の伝えは、どの程度事実の伝えとして信用できるのであろうか。使主(オミ)と小杵(ヲキ)というのは、いかにも伝承上の一対の名のようであり、実名とみるには不安が残る。また小杵をあしざまに描き、使主をよろこび謹んで屯倉を献上した人物と描くのも、大和政権の側に立った叙述である。しかしいっぽうでは、笠原直や上毛野君小熊など具体的な名が登場し、四カ所の屯倉もまた、実在したミヤケと考えてよいであろう。

笠原直の笠原は、『和名類聚抄《わみょうるいじゅうしょう》』▲に武蔵国埼玉郡笠原郷《さきたまぐんかさはらごう》とある現在の埼玉県鴻巣《こうのす》市笠原付近に比定される地名であり、笠原直は、その地域を本拠とした豪族であったと考えられる。この地は、先にみた行田市の埼玉古墳群の南方、数キロメートルの距離にあり、笠原直一族は、埼玉古墳群を造営した集団、すなわちヲワケの臣を出した集団である可能性が高い。埼玉古墳群を造営した集団は、稲荷山古墳の築造以降ほぼ六世紀代を通じて、武蔵地方においてもっとも大きな勢力をもっていたことは明らかである。

一つの古墳群の造営集団を、一氏族とイコールで結ぶのは危険である(なぜ

▼**和名類聚抄**　『和名抄』とも略称する。平安時代のはじめに成立した分類体の辞書。源順《みなもとのしたごう》の撰。現存諸本は二〇巻本系と一〇巻本系に大別される。二〇巻本には国郡部があり、九世紀頃の国郡郷名の漢字表記と和訓が伝えられる。

ならば、一つの古墳群を造営した現実のまとまりをもった一豪族が、かならずしも同一の氏姓を賜与されるとは限らないからである。また逆に、同一の氏姓を賜与された一氏族が、複数の古墳群の造営集団にまたがって存在するということも考えられる)が、埼玉古墳群に近い笠原の地を本拠とする笠原直が、武蔵国造に任命されるというのは、自然なものとして理解できる。

また、上毛野君小熊が武蔵国造職をめぐる争いに介入したということも、上毛野氏が武蔵地方に隣接する上野《こうずけ》地方(群馬県)を本拠とした関東地方有数の豪族であったことからすれば、不自然ではない。五、六世紀の上野地方は、大型の前方後円墳が数多く営まれた地域であり、関東地方最大の前方後円墳もこの地に存在する。また、鈴鏡という周縁に鈴のついた特殊な鏡も、上野を中心とした分布を示している。

『日本書紀』には、上毛野君小熊が討たれたとは書かれていないが、事件の翌年の安閑天皇二年五月条に、上毛野国(上野国)に緑野《みどの》屯倉が置かれたとある。磐井の乱後に、その子の葛子が贖罪《しょくざい》のため糟屋屯倉を献上したとあることからすれば、緑野屯倉も、上毛野氏が贖罪のために献上したミヤケであったかもし

●―五鈴鏡　群馬県高崎市観音塚古墳出土。

●―太田天神山古墳　群馬県太田市に存在する関東地方最大の前方後円墳。墳丘全長210メートル。

れない。

横渟・橘花・多氷・倉樔の四ミヤケについては、いずれも武蔵国内に設置されたミヤケとみることができる。横渟は『和名類聚抄』の武蔵国横見《よこみ》郡、橘花は同国橘樹《たちばな》郡、多氷は多末《たま》の誤りで同国多磨《たま》郡、倉樔は倉樹《くらき》の誤りで同国久良《くらき》郡に比定される、とするのが一般的である。横見郡が北武蔵、そのほかは南武蔵の多摩《たま》川流域に位置するが、これらのミヤケの名は、いずれものちの郡名に対応する名であり、実際に存在したミヤケと考えてよい。

右の『日本書紀』の記述は、まったくの作文ではなく、一定の事実に基づいた伝えとみてまちがいないであろう。ただ、この伝承を、すでに国造制が施行されたのちの争いを伝えたものとみるのは正しくないと考えられる。使主はこの争いののちにはじめて武蔵国造に任命されたのであり、この伝承は、武蔵地方に国造制が実施されていく際の争いを伝えたものとみるべきであろう。

そしてまた、それが安閑天皇元年当時の事実に基づいた伝承かどうかも疑問である。『日本書紀』はミヤケの設置記事を安閑天皇のところに集中して載せており、それは、実際には長期間にわたって随時設置されていったミヤケを、編者の認識にしたがってまとめて記したものと考えられる。武蔵地方を含む東国に国造制が施行されたのは、後述のとおり六世紀末のことと考えられるのであり、右の伝承は、その頃の事実に基づくものとみるのが妥当であろう。
それはともかく、国造制の実施にあたっては、東国においても上毛野氏のような有力豪族の反発があったとみられるのであり、この点は、北九州の磐井の乱の示すところと同様である。

継体・欽明朝の意義

武蔵国造職をめぐっての争いがおきたのは、実際には六世紀末である可能性が高いが、磐井の乱は、継体天皇の時代におきたとみてまちがいないであろう。そして、継体天皇の死後は、中央政界においても、混乱があったようである。『日本書紀』の本文は、継体天皇の死を継体天皇二十五年、西暦にして五三一年のこととするが、その十二月条の分注には、次のような記述がある。

或文《あるふみ》に云《い》はく、天皇、二十八年歳次甲寅に崩《かむあが》りましぬといふ。而《しか》るを此《ここ》に二十五年歳次辛亥に崩りましぬと云へるは、百済本記《くだらほんき》を取りて文を為《つく》れるなり。其《そ》の文に云へらく、太歳辛亥の三月に、軍進みて安羅《あら》に至りて、乞《こつ》乇城《とくのさし》を営《つく》る。是の月に、高麗《こま》、其の王安《あん》を弑《ころ》す。又《また》聞く、日本《やまと》の天皇及《およ》び太子・皇子、倶に崩薨《かむさ》りましぬといへり。此に由りて言へば、辛亥の歳《とし》は、二十五年に当《あた》る。後《のち》に勘校《かんが》へむ者《ひと》、知らむ。

すなわち、「或文」では継体天皇の死を二十八（五三四）年のこととするが、二十五（五三一）年としたのは、『百済本記▲』に、辛亥年（五三一年）に日本の天皇と太子と皇子がともに死去したとあるのにしたがったものである、というのである。

しかし、『日本書紀』の安閑天皇の巻では、安閑天皇の元年を甲寅年（五三四年）としており、三年ほどの空位期間が存在することになる。しかも、安閑天皇は継体天皇の臨終の際に即位したと記されているから、『日本書紀』の記述に矛盾のあることは明らかである。

また、百済の▲聖明王が仏像・経典などを伝えた年、いわゆる仏教公伝の年については、『日本書紀』は欽明天皇十三年（壬申年）、西暦にして五五二年とするが、『上宮聖徳法王帝説』や『元興寺縁起《がんごうじえんぎ》▲』では、欽明天皇の戊午年としており、

▼**百済本記**　百済の歴史書。『百済記《くだらき》』『百済新撰《くだらしんせん》』と合わせて百済三書と呼ばれる。いずれも完全な本は伝わらず、『日本書紀』に引用された逸文が残るのみである。『百済本記』は継体天皇・欽明天皇の巻に数多く引用されており、直接引用したことが明記されなくとも、『日本書紀』の両巻には、同書によって書かれたと推定される部分が多い。百済の二十五代武寧《むねい》王から二十七代威徳《いとく》王初年まで（およそ六世紀前半）の記事がみえる。

▼**聖明王**　百済の第二十六代とされる王。在位五二三〜五五四年。高句麗・新羅と戦い、日本（倭）にそのための軍事的援助を求めた。仏像・経典などを伝えたのもその代償の一つとみられている。五五四年、新羅との戦いに敗れて戦死した。

▼**元興寺縁起**　正しくは『元興《がんごう》寺《じ》伽藍縁起《がらんえんぎ》并《ならびに》流記《るき》資財帳《しざいちょう》』という。奈良の元興寺(平城京《へいじょうきょう》遷都後、京内に飛鳥《あすか》の飛鳥寺を移転)の縁起と資財帳を合わせたもの。七四七(天平十九)年の成立。縁起の部分には、『日本書紀』にみえない記述や、それと異なる記述もみえている。

それは五三八年にあたる。そして『上宮聖徳法王帝説』では、欽明天皇の治世を四一年間、その死去した年を辛卯年(五七一年。『日本書紀』も欽明天皇の死を辛卯年とする点は同じ)とするのであり、『元興寺縁起』は、戊午年を欽明天皇の七年としている。

つまり、これらにしたがえば、欽明天皇の即位は五三二年(欽明天皇元年は五三二年)ということになり、継体天皇が『日本書紀』の本文にいうとおり五三一年に死んだとするならば、その後即位したのは欽明天皇であったことになる。もちろん『日本書紀』は、継体天皇の次は二十七代安閑天皇が即位し、安閑天皇の死後は二十八代宣化《せんか》天皇が即位したとするのであり、欽明天皇の即位は、宣化天皇の死後の五三九年のこととしている。継体―安閑―宣化―欽明と王位が継承されたとする点は、『古事記』も同じであるが、『古事記』では、継体天皇の死去した年を丁未年(五二七年)としており、これまた『日本書紀』とは異なる伝えになっている。

こうした『日本書紀』紀年の混乱や、多くの異伝の存在から、継体天皇の死後は、欽明朝と、安閑・宣化朝の両朝が併立していたのではないかとする説が、

●六〜七世紀の王統譜

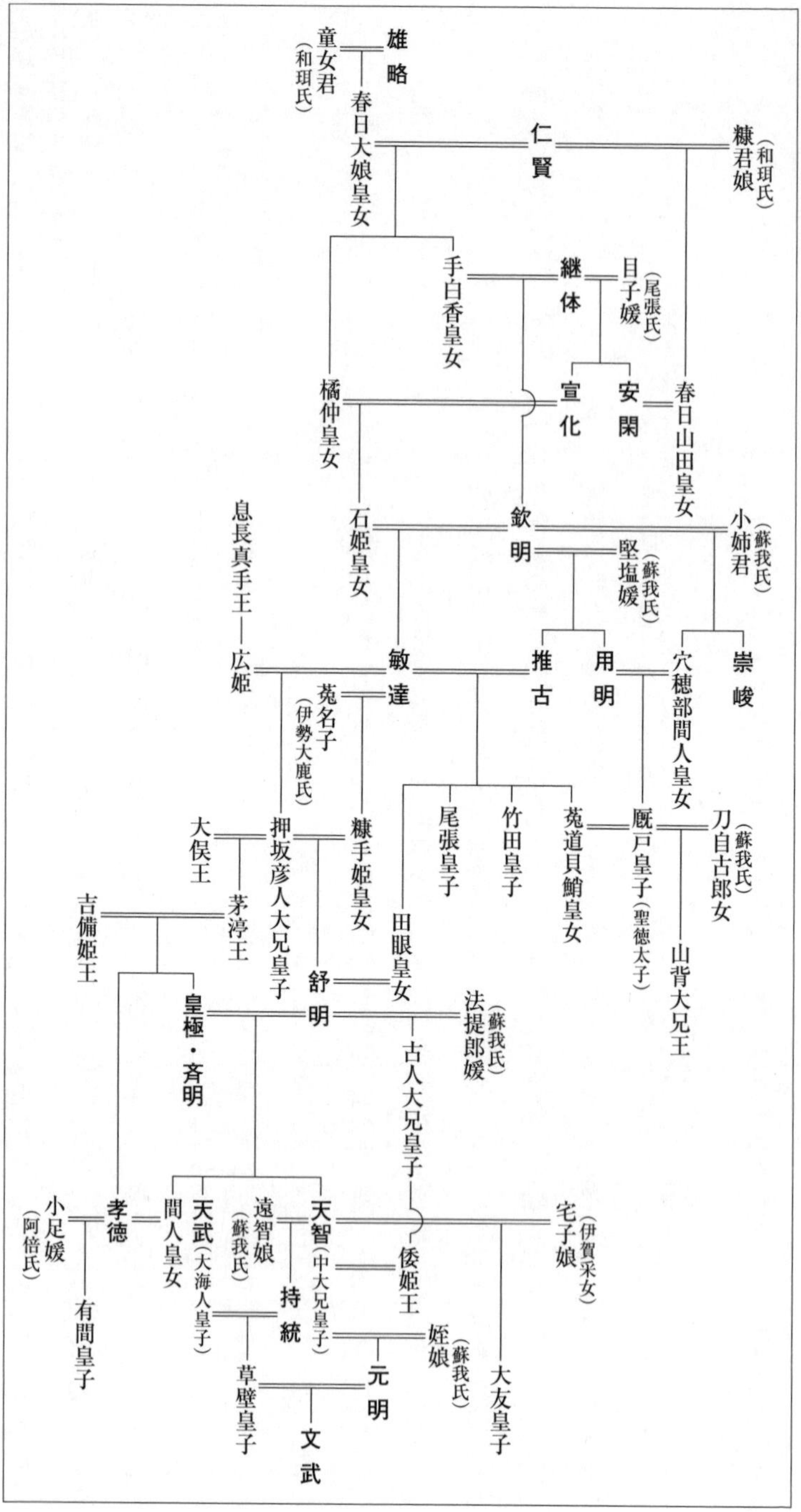
雄略
童女君（和珥氏）
糠君娘（和珥氏）
仁賢
春日大娘皇女
目子媛（尾張氏）
継体
手白香皇女
春日山田皇女
安閑
宣化
橘仲皇女
小姉君（蘇我氏）
欽明
石姫皇女
堅塩媛（蘇我氏）
息長真手王
崇峻
穴穂部間人皇女
用明
推古
敏達
広姫
菟名子（伊勢大鹿氏）
刀自古郎女（蘇我氏）
厩戸皇子（聖徳太子）
菟道貝鮹皇女
竹田皇子
尾張皇子
田眼皇女
糠手姫皇女
押坂彦人大兄皇子
大俣王
茅渟王
吉備姫王
山背大兄王
舒明
法提郎媛（蘇我氏）
皇極・斉明
古人大兄皇子
宅子娘（伊賀采女）
天智（中大兄皇子）
遠智娘（蘇我氏）
天武（大海人皇子）
間人皇女
孝徳
小足媛（阿倍氏）
倭姫王
持統
姪娘（蘇我氏）
有間皇子
草壁皇子
元明
大友皇子
文武

すでに第二次大戦前から唱えられていた。そして戦後は、その説を発展させ、磐井の乱から二朝併立の時期を内乱期としてとらえ、それを古代国家形成史上の一大画期とする説が提唱されたのである。

この説によれば、右の時期は、朝鮮半島政策の失敗もあって王権が著しく動揺した時期であり、全国的な内乱にまで発展した時期であるとされる。またその内乱は、宣化天皇の死後、安閑・宣化朝を支えた大伴氏が失脚したこともあり、蘇我氏を支持勢力とした欽明朝のもとに統一され収束した、とするのである。

しかし、『日本書紀』の紀年の混乱は二種類の暦が存在したためとする説もあり、二朝併立や全国的内乱状態を想定することへの反対意見も多い。この議論についての意見は保留にしておきたいが、継体天皇の即位後も、王権は安定せず、王位をめぐる争いも解決されなかったことは事実であろう。またそれが、欽明天皇のもとで一応の解決をみせたことも、事実と認めてよいと考えられる。

安閑・宣化両天皇は、継体天皇と尾張氏▲の女性である目《めの》子《こ》媛《ひめ》との間に生まれた同母兄弟であり、継体天皇即位の時には、すでに成人に達していたと推定さ

▼**尾張氏**　尾張地方(愛知県西部)を本拠とした氏族。尾張国造の職を世襲したと考えられる。姓《かばね》ははじめ連、天武天皇十三年に宿禰《すくね》を賜与された。火《ほ》明《あかりの》命《みこと》(火《ほの》瓊《に》瓊《に》杵尊《ぎのみこと》の子)を祖とする。

れる。両天皇とも、継体天皇と同様、仁賢天皇の女を妻としているが、地方豪族出身の継体・安閑・宣化父子にとっては、そうした政略結婚を行なう必要があったのであろう。いっぽう欽明天皇は、継体天皇と仁賢天皇の女の手白香皇女との間に生まれた子であり、手白香皇女は、継体天皇が即位の条件として妻に迎えた女性である。つまり欽明天皇は、もともと大王の子として生まれ、大和で育った人物とみられるのである。大王に立てられるにあたっては、多くの豪族から支持されやすい血統にあったといえよう。

　そして欽明天皇は、異母兄である宣化天皇の女の石姫《いしひめ》皇女を妻としているのであり、この近親婚は、王位をめぐる争いを避ける方法として注意されるべきである。『日本書紀』では、石姫皇女は「皇后」▲に立てられたとあり、その間に生まれた敏達《びだつ》天皇が、欽明天皇十五(五五四)年に「皇太子」▲に立てられたとある。やがてその敏達天皇が、欽明天皇の死後実際に即位する(五七一年)ことになるのであるが、ここに、王位継承における血統上の原則が形成されたとみることができる。

　つまり、大王は前大王の女を妻として「皇后」(大后)に立て、その間に生まれ

▼皇后　「皇后」の呼称は、天皇号の成立にともなって使用されるようになったと考えられるが、六、七世紀においても、律令制下の皇后に相当する地位は存在し、それは「大后」と称されていたとみられている。大后は大王の正妻であるが、単なる正妻ではなく一定の政治的権限を有する地位であり、その大后の地位には、原則として前大王の女(すくなくとも王家の女性)でなければつくことができなかったと考えられている。

▼皇太子　「皇太子」の呼称も、天皇号の成立にともなって用いられるようになったと考えられる。六、七世紀に律令制下の皇太子に相当する地位があったかどうかは議論のあるところである。「大兄《おおえ》」をその地位とみる説もあるが、「大兄」は長子に対する敬称・尊称にすぎないとの反対意見もある。

た男子(すなわち近親婚による所生子)が次の大王になるという原則である。いいかえれば、王位継承者は、大王を父とするだけではなく、母も王家の女性でなければならないとする血統上の原則である。

六、七世紀の王統譜をみると、大王の近親婚が目立つが、近親婚は一般にはどの社会においてもタブーとされるものである。ただ、王家にのみそれが認められるという例は、世界史的にめずらしくないといわれている。おそらく古代日本(倭国)においても、近親婚を繰り返す特殊な血統を、王の血統として作り上げていったのであろう。

王位継承における血統上の原則が形成されれば、それだけ王位をめぐる争いは範囲が限定され、規模が縮小されるはずである。王位をめぐる激しい争いを長期にわたって経験したのちの欽明朝であったからこそ、そうした原則が形成されたのであろう。もちろん、これによって王位継承争いが消滅したわけではないが、欽明朝が王権発達史上の一つの画期であったことは認められるであろう。

継体天皇即位の段階では、地方豪族が大王位につくということもありえたのであるが、欽明朝の段階では、地方豪族はもとより中央豪族も含め、ある豪族の長が大王になるという段階は終わったのである。大王は、諸豪族の結集する核としての特殊な血統、すなわち王統の担い手、という新たな性格ももつようになったと考えられる。

また、継体〜欽明朝という時期は、それと並行して各種の支配組織が整えられていった時期と考えられるのであるが、この点については、章を改めて述べることにしたい。

④—大和政権の地方支配

大和政権の支配制度

大和政権の支配制度としては、氏姓制、伴造・部民制、ミヤケ制、国造制などがあげられる。これらの制度がそれぞれどのような内容をもち、互いにどのように関係するのか、残された史料が少ないこともあって、よくわからない難しい問題である。

まず、氏姓制であるが、氏(ウジ)とは、大和政権を構成する諸豪族を組織・編成したものである。ウジは同一の始祖を称し、その始祖の地位や功績にちなんで大王(天皇)に仕える集団であり、血縁集団であることを基本とし、父系で継承されるが、実際には血縁関係にない人々も含んでいる。ウジの代表者を氏上《うじのかみ》といい、ウジの構成員は氏人《うじびと》と呼ばれた。

そしてそのウジには、大王(天皇)から、それぞれの性格・勢力に応じて姓(カバネ)が賜与され、ウジの統制がなされたのである。ウジ名には、蘇我《そが》・巨勢《こせ》・和珥《わに》・平群《へぐり》・阿倍《あべ》・吉備《きび》・出雲《いずも》など、地名に基づく名と、大伴・物部・

▼甲子の宣　天智天皇三年二月に発せられた宣。冠位を二六階にふやすこと、ウジを「大氏」「小氏」「伴造らの氏」の三等級に分け、氏上を定めること、「民部《かきべ》・家部《やかべ》」を定めること、などが命じられている。「民部・家部」については多くの議論があるが、いずれもウジに所属する人々で、民部は一般の人々、家部はのちの賤《せん》に相当する人々とみるのが妥当であろう。

中臣《なかとみ》・土師《はじ》・膳《かしわで》など、職名に基づく名があり、カバネには、臣・連・君・直・造・首《おびと》・史《ふひと》などがあった。臣・連は、そのほかのカバネに比べて上位にあったが、カバネ間に明確な序列は存在していなかった。

また、氏姓制は六世紀には成立していたとみるのがふつうであるが、しかし、氏上が定められ、ウジの範囲が確定するのは、七世紀後半になってからのことである。すなわち、天智《てんじ》天皇の時の六六四年に、甲子《かっし》の宣《せん》▲が出されてからのことと考えられる。したがって、通常「氏姓」とみなされる地名＋カバネ、職名＋カバネの呼称は、本来は大和政権を構成する地位や職に対して与えられた呼称であり、特定個人に付された呼称とみるべきである。

現実には同じ一族で血縁関係にある人でも、大和政権内における地位や職が異なれば、異なった呼称で呼ばれたのである。たとえば、『日本書紀』の舒明《じょめい》天皇の巻には、舒明天皇の即位をめぐる紛争(六二八年)の際に、蘇我蝦夷《えみし》がオジにあたる境部摩理勢《さかいべのまりせ》を討ったとあるが、そこでは「蘇我蝦夷臣」「境部摩理勢臣」と表記されている。

ただ、大和政権における特定の地位や職は、現実には父系の一族によって世襲されることが多かったのであり、やがて、地名+カバネ、職名+カバネの呼称が、ウジを単位とする氏姓としての性格をもつようになったと考えられる。

次に伴造・部民制であるが、これは大和政権の職務分掌の組織ということができる。したがって、右の氏姓制とは密接に関係した制度である。

古代の史料には、額田部《ぬかたべ》・白髪部《しらかべ》・土師部・馬飼部《うまかいべ》・蘇我部・巨勢部など、某部の呼称が数多くみえるが、これらの部は、それぞれなんらかの役割をもって大王に奉仕することを義務づけられた集団である。また『古事記』『日本書紀』などには、御名代《みなしろ》・子代《こしろ》・品部《ともべ》(しなべ)・部曲《かきべ》など、部にかかわる用語もいくつかみえており、それらの語をどのように解釈するかは、部民制を理解するうえで重要な問題である。

今日もっとも一般的に行なわれているのは、品部は土師部・馬飼部など職名を帯びる部(いわゆる職業部)で、土師連・馬飼造などの伴造に率いられて朝廷に奉仕した集団、御名代・子代は額田部・白髪部など王・王族名や宮名を帯びる部で、やはり伴造に率いられて王族・王宮に奉仕した集団、部曲は蘇我部・巨勢部など豪族名を帯びる部で、それぞれの豪族が領有した集団、とする解釈であろう。しかし、反対意見も多く、なかでも有力な説として、品部は御名代・子代なども含んだ部の総称であるとする説、子代は御名代とは異なり諸豪族が領有した部であるとする説、部曲は部民化されていない諸豪族の領有民を指すとする説などがあげられる。

『日本書紀』大化二(六四六)年八月癸酉条のいわゆる品部廃止の詔▲に、「王《きみ》の名名《みなみな》に始めて、臣・連・伴造・国造、其《そ》の品部《しなじなのとものお》を分《わか》ちて、彼《そ》の名名《なな》に別《わ》く。復、其の民《たみ》と品部とを以て、交雑《まじ》りて国県《くにこおり》に居《はべ》らしむ……今の御寓天皇《あめのしたしらすすめらみこと》より始めて、臣・連等《たち》に及《いた》るまでに、所有《たもて》る品部は、悉《ことごとく》に皆罷《みなや》めて、国家の民とすべし」とあることからすれば、品部はすべての部を指すとみるのがよいであろう。また、大伴部・物部・中臣部などを、豪族の名を帯びるからといって部曲とみるのは不自然であり、蘇我部・巨勢部なども含め、それらは部曲ではなく、部曲は部ではない豪族の領有民とみるのが妥当である。この問題にはこれ以上立ち入らないが、部がいくつかの類型に分けられることは確かであろう。

そしてそれらの部は、一般的には、朝廷に出仕しなんらかの職務に従事した人々であるトモと、そのトモを出仕させ貢納の義務を負わされた在地のべ・集団

▼**品部廃止の詔**　『日本書紀』大化二年八月癸酉条に載せられる詔の前半部分。部民制の弊害を述べ、品部を廃止して、かわりに百官位階を制定することを述べた詔。大化三年四月壬午条にも、品部を廃止すべきことを述べた詔が載せられている。

の、二つから構成されていたとみることができる。部は全国各地に設置されたが、各地から出仕してきたトモを率いるのが中央の伴造であり、各地のべ集団を統率するのが地方の伴造である。職名+カバネの呼称は、この伴造に対して与えられた呼称であり、地名+カバネの呼称も、その地名を帯びた部が設置されたならば、やはり伴造としての性格をもっていたとみてよい。

また、部が全国各地に設置されたことからすれば、伴造・部民制は、単なる大和政権の職務分掌の組織ではなく、地方支配の制度でもあったということになる。

その成立時期については、欽明天皇以降の王族に、石上部《いそのかみべ》・穴穂部《あなほべ》・泊瀬部《はつせべ》・額田部などの部名を帯びた人名が現れることから、六世紀中頃にはすでに成立していたと考えられる。また先にみた五世紀後半のワカタケル大王の時代には、部民制に通ずる杖刀人・典曹人の組織は存在したが、いまだ「部」名は成立していなかった。したがって部民制は、五世紀末から六世紀はじめ頃に成立したとみるのが妥当であろう。

六世紀後半の築造と推定される島根県松江《まつえ》市の岡田山《おかだやま》一号墳出土の大刀銘に

は、「各《（額）》田阝《（部）》臣」の名が記されており、この頃には、地方に部を設置することが行なわれていたことも明らかである。「額田部臣」は、この地方（出雲地方）に設置された額田部の地方伴造の職を示す呼称であり、おそらく岡田山一号墳の被葬者が、その地方伴造に任じられていたのであろう。一豪族としての岡田山一号墳の被葬者の領有する人々が、すべて額田部とされたのか、あるいはそのうちの一部が額田部に設置されたのかは明らかではないが、部民制の施行により、大王の権力は、間接的にせよ地方豪族の支配下の人々にもおよぶようになったのである。

次にミヤケ制であるが、ミヤケは通常、大和政権の直轄地と考えられている。ミヤケの耕作にあたったのは田部《たべ》と呼ばれる人々であり、ミヤケの経営には中央から田令《たづかい》が派遣された。また田部は、その名を書き連ねた籍《せき》によって把握されていたと考えられる。

「ミヤケ」という語は、ヤ（屋）・クラ（倉）などからなる経営の拠点としての一区画（施設）である「ヤケ」に、尊敬の意を表わす（大王とのつながりを示す）接頭語の「ミ」（御）をつけた語であり、本来は、直轄地というよりも、それを経営する

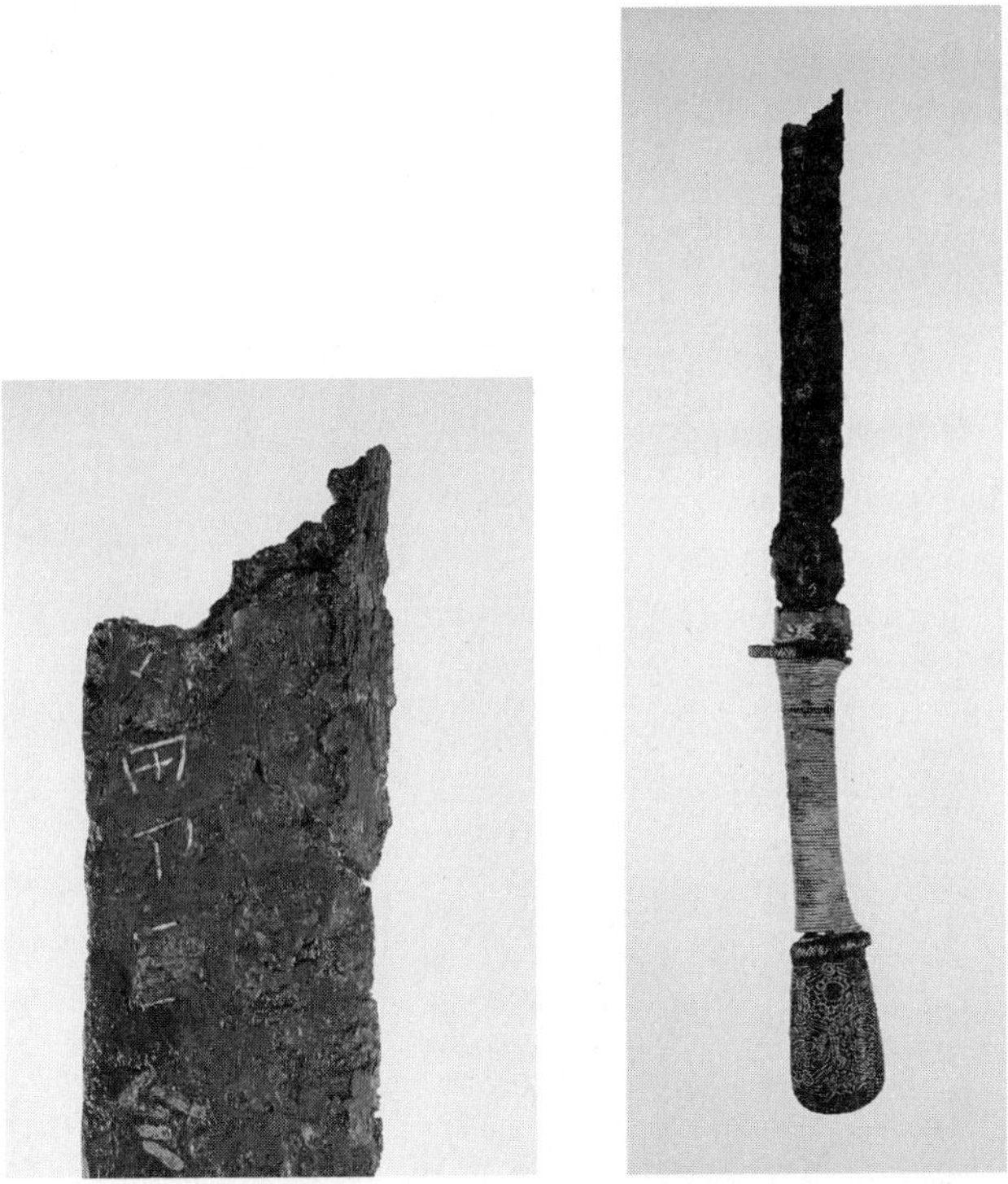

●—岡田山1号墳出土の大刀とその銘

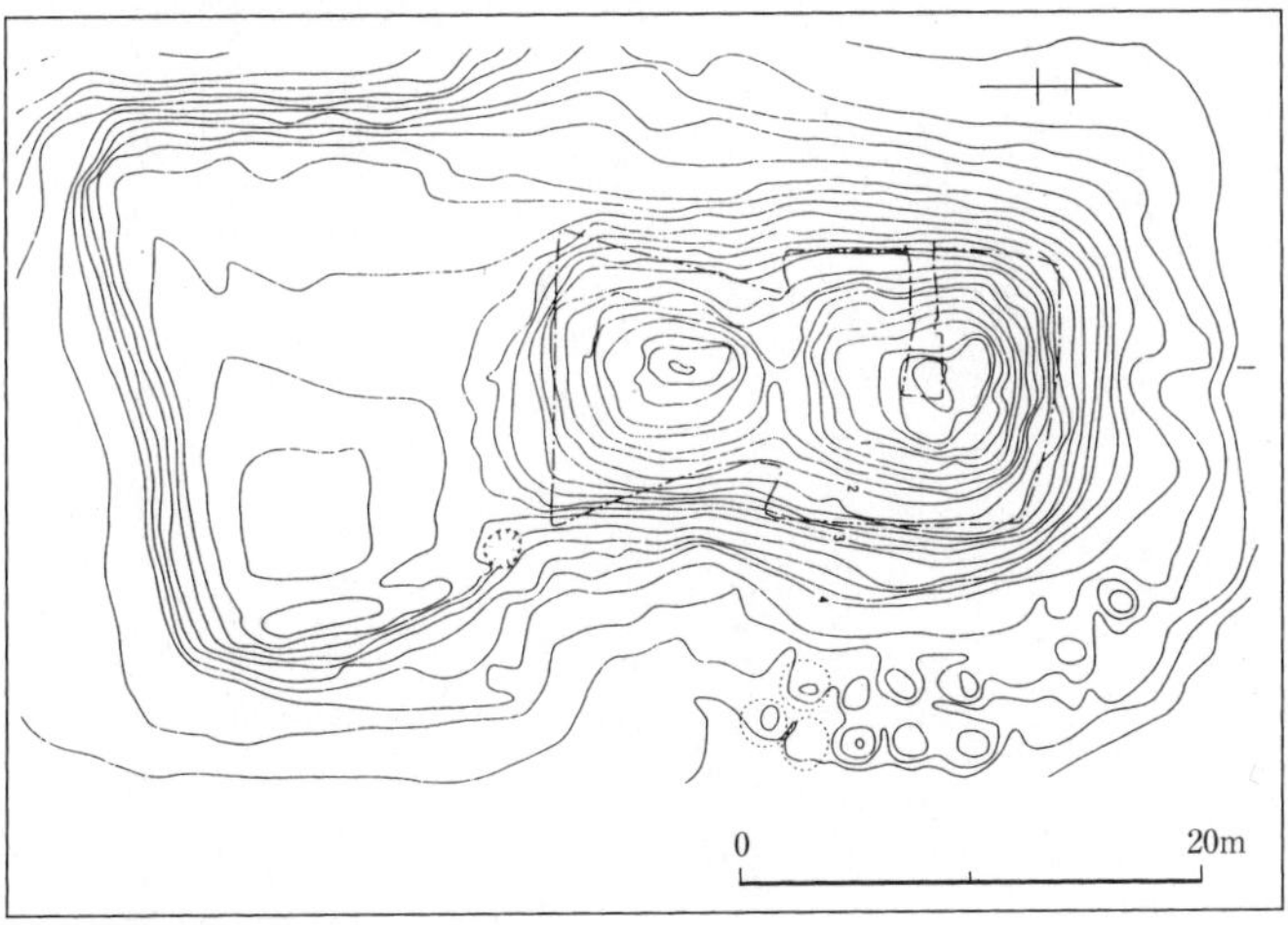

●—岡田山１号墳

施設を指した語とみるべきであろう。そして、ミヤケと呼ばれた施設は、ほかにも種々存在したのである。

まず、那津《なのつ》(福岡市博多)・難波津《なにわのつ》(大阪市難波《なんば》)など軍事・外交上の要地に設置された大和政権の出先機関も、ミヤケと呼ばれていた。直轄地という性格をもっていなくても、大和政権がなんらかの目的で設置した機関は、いずれもミヤケと呼ばれたのである。

また、『日本書紀』大化元(六四五)年八月庚子条の東国「国司」らへの詔▲には、「若《も》し名《な》を求むる人有《あ》りて、元《はじめ》より国造・伴造・県稲置《こおりのいなぎ》に非《あら》ずして、輙《たやす》く詐《いつわ》り訴《うた》へて言さまく、我が祖の時より、此《こ》の官家《みやけ》を領《あずか》り、是《こ》の郡県《こおり》を治《おさ》むとまうさむは、汝等国司《いましたちくにのみこともち》、詐《いつわり》の随《まま》に便《たやす》く朝《みかど》に牒《もう》すこと得《え》じ」とあるが、これによれば、国造・伴造(地方伴造)・稲置なども「官家」(ミヤケ)を領していたことになる。この場合のミヤケは、国造・伴造・稲置が政務をとる場所、具体的には在地豪族としてのそれぞれの居宅を指すとみてよいであろう。大化二年三月壬午条の「皇太子奏▲」にも、皇太子中大兄皇子《なかのおおえのみこ》(のちの天智天皇)が、「入部」(御名代の部)五二四口と、「屯倉」一八一所を献上したとあり、各地に設置された部ご

▼東国「国司」らへの詔　『日本書紀』大化元年八月庚子条、同二年三月甲子条、同辛巳条に載せられる東国「国司」に関する一連の詔。大化元年八月庚子条の詔は、東国「国司」を任命し、その「国司」らに対して、戸籍を作り校田《こうでん》を行なうこと、武器を収公することなどの任務を与え、任務を遂行する際の様々な注意事項を述べたもの。

▼皇太子奏　「其れ群《もろもろ》の臣・連及《およ》び伴造・国造の所有《たもて》る昔在《むかし》の天皇の日に置ける子代入部・皇子等《みこたち》の私《わたくし》に有《たも》てる御名入部、皇祖大兄の御名入部及び其の屯倉、猶古代《なおむかし》の如くにして、置かむや不や」という孝徳天皇の諮問に答えたもの。万民を使うのは天皇のみであるとして、御名入部と屯倉の献上を述べている。

とにミヤケの置かれていたことがしられる。これは、東国「国司」らへの詔にいう地方伴造のミヤケに相当するものであろう。

　つまり、地方豪族が国造・伴造・稲置などに任命されると、その居宅（ヤケ）は、大王との関係をもったということで、ミヤケと呼ばれるようになったと考えられるのである。ただ、だからといって、ミヤケ制が部民制・国造制に解消されてしまうということではない。田部を設置し、それを籍によって掌握するというミヤケ制は、国造・稲置制と直接に関係するのではあるが、それ自体、独自の意味をもった支配制度とみるべきである。

国造制の成立とその内容

　記紀によれば、国造制が定められたのは第十三代成務《せいむ》天皇の時であったとされる。『古事記』には「大国《おおくに》小国《おくに》の国造を定め賜ひ、亦《また》国国の堺、及び大県《おおあがた》小《お》県《あがた》の県主《あがたぬし》を定め賜ひき」とあり、『日本書紀』には「諸国に令《のりごと》して、国郡に造長《みやつこおさ》を立て、県邑に稲置《いなぎ》を置《た》つ。並びに盾矛《たてほこ》を賜ひて表《しるし》とす。則《すなわ》ち山河を隔《さか》ひて国県を分《わか》ち、阡陌《せんぱく》に随《したが》ひて、邑里を定む」（成務天皇五年九月条）とある。『日本書紀』に「国造」の語はみえないが、「造長」とあるのが国造を指していることは明らかである。

もちろん、この記事を事実とみることはできないのであり、これは、十二代景行《けいこう》天皇の時に全国平定がなされ、それをうけて次の成務天皇の時に全国支配の制度が整えられた、とする記紀編者の構想に基づく記事と考えられる。国造制の成立時期については、かつては四世紀末から五世紀初め頃とする説が有力であったが、現在では、六世紀代に求める説が一般的である。

右の記紀の伝えにおいて注目されるのは、いずれも国造の設置を、その国（クニ）の境の画定をともなったものとしている点である。この点は、『常陸国《ひたちのくに》風土記《ふどき》▲』の多珂《たか》郡条に、多珂国造に任命された建御狭日命《たけみさひのみこと》が、久慈《くじ》の境の助河《すけかわ》（茨城県日立《ひたち》市助川《すけかわ》町）をもって「道前《みちのくち》」とし、陸奥《むつ》国石城《いわき》郡の苦麻《くま》の村（福島県大熊《おおくま》町熊《くま》）をもって「道後《みちのしり》」としたとあることや、『続日本紀《しょくにほんぎ》▲』延暦《えんりゃく》十（七九一）年九月丙子条に記す讃岐《さぬき》国寒川《さむかわ》郡の人 凡 直《おおしのあたい》千継《ちつぐ》らの言上《ごんじょう》に、「千継らの先《さき》、星 直《ほしのあたい》、訳語田朝廷《おさだのみかど》の御世《みよ》（敏達《びだつ》天皇の時代）、国造の業を継ぎ、所部の堺を管す」とあることなどにも示されている。

▼常陸国風土記　今日に伝わる五カ国の古風土記のうちの一つ。ただし不完全な省略本である。冒頭に常陸国全般にかかわる記事があり、続いて各郡ごとの記事が載せられている。行方《なめかた》・香島・多珂郡条と、『釈日本紀』に逸文として伝えられる信太《しだ》郡条には、それぞれの郡が建てられた時の具体的記事（建郡記事）があり、貴重である。

▼続日本紀　『日本書紀』に続く勅撰の歴史書。六国史《りっこくし》の二番目。全四〇巻。菅野真道《すがののまみち》らによって、七九七（延暦《えんりゃく》十六）年に完成された。編年体の歴史書であり、文武《もんむ》天皇の初めから桓武《かんむ》天皇の途中まで（六九七〜七九一）の記事がある。

また、『常陸国風土記』の記事では、多珂のクニと久慈のクニとの境が助川であったとされており、クニとクニは互いにその境を接していたものとされている。同書の香島《かしま》郡条には、己酉年(大化五＝六四九年)に海上《うなかみ》国造部内の軽野《かるの》(茨城県神栖《かみす》市南部)以南の一里と、那珂《なか》国造部内の寒田《さむた》(茨城県鹿嶋《かしま》市南部・神栖市北部)以北の五里を割いて香島郡が建てられたとあるが、この建郡記事からも、国造はそれぞれに管轄する「部内」(クニ)をもち、そのクニは隣接して存在していたことがうかがえるであろう。

国造のクニは、在地豪族としての国造の支配領域そのものではなく、大和政権によって設定された行政区という性格をもっていたのである。クニとクニとの境界を、地図上に一線をもって画せるような境界とみるのは誤りであろうが、国造の設置がそのクニの画定をともなったものであったことは認めてよいであろう。

とするならば、国造制の成立時期に関して注意されるのは、先にも述べたとおり、『日本書紀』に、磐井の乱平定後にその境を定めたとされていることである。また、国造制は、大和政権に服属した地方豪族を国造に任命していくことで漸次拡大していったとみるのがふつうであるが、国造の設置がクニとクニとの境界の画定をともなうものであったならば、それは広範囲にわたって、一斉に施行されたとみなければならないであろう。

『日本書紀』の崇峻《すしゅん》天皇二(五八九)年七月朔《ついたち》条には、「近江臣満《おうみのおみみつ》を東山道の使《つかい》に遣《つかわ》して、蝦夷《えみし》の国の境を観しむ。宍人臣鴈《ししひとのおみかり》を東海道の使に遣して、東《あずま》の方《かた》の海に浜《そ》へる諸国の境を観しむ。阿倍臣《あべのおみ》を北陸道の使に遣して、越《こし》等《ら》の諸国の境を観しむ」とあるが、この記事は、東日本に国造制の施行を命じた記事と考えることができよう。ここでいう「観る」ということを、すでに存在していたクニの境をただ単に「見る」という意味に解したのでは、この記事自体がほとんど意味をもたないものになってしまうのであり、それは国境の画定を指すと解するのが妥当である。またそうであるならば、この記事は、国造制の施行が広範囲にわたって一斉に行なわれたことを示す記事、ということもできるであろう。国造制は、西日本においては磐井の乱後の六世紀中頃にほぼ一斉に施行され、東日本ではそれより半世紀ほど遅れたが、やはり一斉に施行されていった、と考えられるのである。

国造制の施行に際しては、筑紫君・上毛野君など有力豪族の反発はあったのであるが、国造に任命されていった地方豪族の多くにとっては、それは歓迎すべきことだったのではなかろうか。国造はクニを統轄する地方官であり、そのクニは、多くの場合、一地方豪族としての国造の支配領域をこえて設置されたと考えられるからである。

国造に任命されたのは、一般的には各地域の最有力豪族であったであろう。そして各地域の豪族たちは、それぞれ自立的な支配領域をもち、その最有力豪族を頂点とした重層的な統属関係、あるいは同盟関係を結んでいたと考えられる。国造のクニは、こうした在地の関係に基づいて設置されたであろうが、国造制の施行(国造の任命・クニの設置)により、その関係は、制度として固定化されていったとみられるのである。

国造は、中央に対しては、一族の男女を舎人《とねり》・靫負《ゆげい》・采女《うねめ》▲として出仕させること、必要に応じて軍役その他の力役を負担すること、特産物を貢納すること、中央からの使者を接待すること、などの義務を負っていたと考えられる。また、クニ内部に部やミヤケが設置される場合も、国造の手をとおして行なわれたで

▼舎人・靫負・采女　舎人は大王や王族に近侍し、その護衛などに従事した男子。靫負は主として宮廷諸門の警衛にあたったと考えられる男子。采女は大王に近侍し、主として食膳に奉仕したと考えられる女子。いずれも、国造や地方伴造などの地方豪族の子弟・子女によって構成されたと考えられる。

あろう。国造は、これらの義務を、クニを統轄する地方官として、みずからの一族だけではなく、内部の諸豪族を率いて負担したのである。

また、国造制の内容を考えるうえで重要なのは、『隋書』倭国伝の次の記事である。


軍尼一百二十人あり、なお中国の牧宰《ぼくさい》のごとし。八十戸に一伊尼翼を置く、今の里長の如《ごと》きなり。十伊尼翼は一軍尼に属す。


ここでいう「軍尼」は、第一章でも述べたが、「クニ」という倭語を漢字の音で表記したものであり、国造を指すとみてよいであろう。「伊尼翼」は「伊尼冀」の誤りで「イナギ」という倭語を表わし、稲置を指すとするのがふつうである。

この記事が信頼できるものであるならば、七世紀初め頃の倭国においては、国造—稲置の二段階の地方行政組織が存在していたことになる。しかもその組織は、一人の国造のもとに八〇戸を管する稲置が一〇人ずつ置かれていたというのであるから、戸によって人々を掌握した整然とした組織であったとしなければならない。

ただ、右の『隋書』の記事には、七世紀初め頃の大和政権による、支配組織の整備を示そうとする誇張の含まれている可能性が高い。右のような整然とした組織であったならば、それは律令制下の国郡《こくぐん》制▲(クニ―コホリ制)とほとんど変わりないのであり、当時そのような組織がすでに存在していたとは考え難い。しかし、大化元年の東国「国司」らへの詔のなかに、「国造・伴造・県稲置」とあることと考え合わせるならば、国造のもとに稲置という地方官の存在したことは認めなければならないであろう。

稲置については、ミヤケの在地管掌者とする説も有力であるが、国造のもとでの行政官ということと、ミヤケの在地管掌者ということとは、一致させて考えてよいのではなかろうか。ミヤケの田部が戸によって把握されていたとするならば、『隋書』に稲置が八〇戸を管したとあるのは注意されるところである。「県稲置」(コホリの稲置)の呼称によれば、稲置の管する範囲はコホリと呼ばれていたとみられるが、クニのもとに置かれたコホリは、大和政権の直轄地としてのミヤケと、同一実体のものと考えられるのである。

いっぽう、クニの内部には、部を率いる地方伴造も任命されたのであり、地方伴造は、行政的には国造の下に置かれたにせよ、それとは別に、中央の伴造

▼**国郡制**　律令国家の地方支配制度。全国に六十数カ国が設置され、国の内部はいくつかの郡に分割された。国の官人である国司には、中央から貴族が任命されて派遣され、郡の官人である郡司には、地方豪族が任命された。国司は任期をもって交替したが、郡司は終身であることを原則とした。

に従属したのである。稲置や地方伴造には、国造の一族が任じられた場合もあったであろうが、多くは国造以外の豪族が任命されたと考えられる。また、クニの内部には、稲置や地方伴造の職にない豪族も多く含まれていたと推定されるのであり、国造制は、クニの内部がすべてコホリに分割されるというような、整然とした制度ではなかったのである。

なお、県（アガタ）・県主（アガタヌシ）に関しては、国造制が成立する以前から存在したとみるのが妥当であろう。アガタは大王の直轄地として地方豪族が献上した土地を指し、それを献上した豪族がアガタヌシと呼ばれたと考えられる。国造制成立後もアガタの呼称が残ったところはあるが、多くは稲置のコホリ（すなわちミヤケ）に転化していったのではないかと推定される。

「大化改新」と国造制

クニの内部がすべてコホリに分割されるようになったのは、「大化改新▲」において、評制《ひょうせい》▲（コホリ制）が施行されたことによってである。評制の施行については、「大化改新」すなわち孝徳《こうとく》天皇の時代において、全国的・全面的に施行され

▼**大化改新**　孝徳天皇の「大化」年間（六四五～六四九）に行なわれた一連の政治改革。『日本書紀』大化二年正月朔条の「改新詔」が中心となるが、『日本書紀』の記述は信頼できないとして、「大化改新」の存在を否定する説もある。「改新詔」の内容には、当時のものとして疑わしい部分も多く含まれているが、「大化」年間において、一定の改革が行なわれたことは事実と考えられる。

▼**評制**　孝徳朝において制定された地方制度。評（コホリ）は律令制下の郡（コホリ）に相当する組織。評制の施行過程や評の内容については種々の議論があるが、国（クニ）の下の組織であるコホリを表記するのに、「郡」字が使われるようになったのは、大宝令の制定（七〇一年）以降であり、それ以前は「評」字が使われていた。

たとみるか、その時の施行は部分的であり、その後、天智《てんじ》朝、天武《てんむ》・持統《じとう》朝と段階的に施行されていったとみるか、意見は分かれている。

『続日本紀』天平《てんぴょう》七(七三五)年五月丙子条に、郡司《ぐんじ》の任命に関して「難波朝庭(孝徳朝)より以還《このかた》の譜第《ふだい》(代々郡司に任命されてきた家柄)」とあったり、『皇太神《こうたいじん》宮儀式帳《ぐうぎしきちょう》▲』に、「難波朝庭、天下に評を立て給《たま》ふ時」とあったりすることなどからみれば、孝徳朝全面施行説が妥当なことは明らかである。それにもかかわらず、段階的施行説が唱えられるのは、孝徳朝以降も国造が存在する、ということが一つの論拠になっているからである。つまり、国造制は評制の施行によって廃止され、国造は評の官人に任命されていったのであり、国造が存在するということは、その地にはいまだ評制が施行されていないからである、とするのである。

しかし、評制の施行によって国造制が廃止されたことを示す史料としては、『日本書紀』の大化二年正月朔の「改新詔」に、「郡司《こおりのみやつこ》には、並びに国造の性《ひととなり》識《たましい》清廉《いさぎよ》くして、時の務《まつりごと》に堪《た》ふる者《もの》を取りて、大領《こほりのみやつこ》・少領《すけのみやつこ》とし、強《こわ》く幹《いさお》しく聡敏《さと》くして、書算《てかきかずとる》に工《たくみ》なる者を、主政《まつりごとひと》・主帳《ふびと》とせよ」とあるのが、ほ

▼**皇太神宮儀式帳**　皇太神宮(伊勢神宮)の儀式・行事などについて記したもの。全一巻。宮司《ぐうじ》の大中臣真継《おおなかとみのまさつぐ》らが、八〇四(延暦二十三)年に神祇官《じんぎかん》(律令制下の官司。神祇に関することをつかさどった官で、太政官《だいじょうかん》と並ぶ最高機関とされた)に提出した。伊勢神宮についての現存する最古の文献。

とんど唯一のものである。「改新詔」には、大宝令《たいほうりょう》▲の条文に基づいて作られたとみられる文章が多く含まれており(右の部分もその一つである)、その信憑性には問題が多い。

　また、評制の施行によって、国造以外の人物が評の官人に任命されたことを示す史料も存在している。たとえば、『常陸国風土記』の建郡記事によれば、香島郡(評)の初代官人には中臣部《なかとみべ》氏、信太《しだ》郡(評)の初代官人には物部《もののべ》氏が任命されたと考えられる。その中臣部氏や物部氏は、地方伴造に任命されていた一族とみてよいであろう。

　評制が施行され、評の官人(評造《こおりのみやつこ》)に任命されていったのは、国造ではなく、国造のクニの内部に存在する地方伴造や稲置、またはそのほかの豪族であったと考えられるのである。そして、それらの豪族の現実の支配領域が、原則として評(コホリ)とされたと考えられる。もちろん、一豪族としての国造の支配領域も評とされたのであり、その評の評造には、国造の一族の人物が任命されたであろう。

「大化改新」における評制の施行は、国造のクニの内部をすべてコホリに分割

▼大宝令　七〇一(大宝元)年に制定された国家運営上の基本法。刑罰規定である律《りつ》と合わせて大宝律令と呼ばれる。大宝令の条文は、そのままのかたちでは今日に伝わらないが、令の注釈を集めた『令集解《りょうのしゅうげ》』(惟宗直本《これむねのなおもと》著。九世紀中頃成立)により、その条文の一部が復元・推定される。

し、現実に一定の領域を支配している豪族をコホリの官人（評造）に任命していくことで、国造をとおしての間接支配ではなく、クニ全体を直接支配していこうとしたものであった。また、その国造―評造（クニ―コホリ）制は、従来の国造―稲置（クニ―コホリ）制をモデルにしたと考えられるのであり、コホリの内部は、田部の籍にならい、「戸籍」によってすべての課税対象者を掌握することにしたのである。評制施行後の国造・評造は、それ以前の国造・地方伴造・稲置に比べ、より官人としての性格を強くしたといえよう。

国造制は、天武朝の末年に令制国が成立▲したことにより、その廃止が決定されたと考えられるが、その後も出雲国造《いずものくにのみやつこ》▲は、全国の国造を代表し、大王（天皇）への服属儀礼を行なう国造として存続していった。このことは、国造という存在が、大和政権の地方官ではあっても、いっぽうで、大王に従属するかたちで同盟した連合政権段階の地方豪族、という性格を根強くもっていたことを示すものであろう。

律令国家が成立してからも、地方豪族の自立性がまったく失われたわけではなく、律令国家の地方支配は、地方豪族を郡司に任命することによってはじめ

▼**令制国の成立**　『日本書紀』によれば、天武天皇十二～十四（六八三～六八五）年にかけて、中央から使者が派遣され、国境の画定が行なわれたとされる。この国境は、令制国の国境と考えられ、これによって、令制国が成立したと考えられる。

▼**出雲国造**　出雲国造は、七世紀末の国造制廃止以降も、代々その任命の行なわれた国造であり、その代がわりごとに神賀詞《かんよごと》の奏上が行なわれた。紀伊国造《きいのくにのみやつこ》も八世紀前半以降は代々任命されるようになったが、この二国造は特例と考えられる。八世紀中頃以降には、ほかにもしばしば国造が任命されたが、それは右の二国造とは異なり、中央の官人が一種の論功行賞として任命された臨時の一代限りの国造であった。

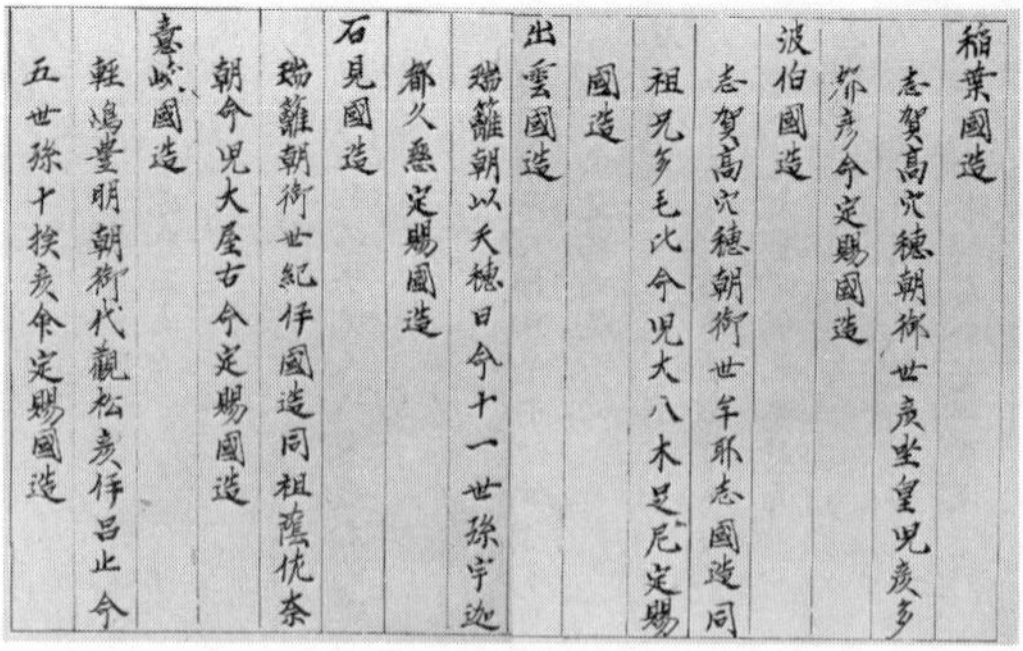
稲葉國造
志賀高穴穂朝御世彦坐皇児彦多
都彦命定賜國造
波伯國造
志賀高穴穂朝御世牟邪志國造同
祖兄多毛比命児大八木足尼定賜
國造
出雲國造
瑞籬朝以天穂日命十一世孫宇迦
都久怒定賜國造
石見國造
瑞籬朝御世紀伊國造同祖蔭佐奈
朝命児大屋古命定賜國造
意岐國造
軽嶋豊明朝御代觀松彦伊呂止命
五世孫十挨彦命定賜國造

●—『先代旧事本紀』国造本紀
出雲国造条とその前後。

て可能であった。また、郡域をこえた郡司層の動きや、郡司職をめぐっての争いも活発であり、やがては、地方豪族の新たな動きが、律令国家の支配を揺るがしていくことになったのである。

山尾幸久『古代の日朝関係』塙書房, 1985年
義江明子『日本古代の氏の構造』吉川弘文館, 1986年
吉田晶『日本古代国家成立史論』東京大学出版会, 1973年
吉田晶『倭王権の時代』新日本出版社, 1998年
吉田孝『律令国家と古代の社会』岩波書店, 1983年
吉村武彦『古代天皇の誕生』角川書店, 1998年
吉村武彦編『古代を考える　継体・欽明朝と仏教伝来』吉川弘文館, 1999年
和田萃『大系日本の歴史』2, 小学館, 1988年

●—写真所蔵・提供者一覧(敬称略, 五十音順)

市原市埋蔵文化財調査センター保管　　p. 29下, 32
梅原章一　　p. 14上, 15上, 55, 67下
菊水町教育委員会　　p. 41上
埼玉県立さきたま資料館　　カバー表, 扉, 28, 35上右, 35上左
隅田八幡神社・東京国立博物館　　p. 54
高崎市観音塚考古資料館　　p. 67上
『朝鮮古蹟図譜』第1冊(朝鮮総督府, 1915年)　　p. 8
天理大学附属天理図書館　　p. 96
東京国立博物館　　カバー裏, p. 15下, 29上, 42右, 42左, 61上右
美原町教育委員会　　p. 14下
八女市教育委員会　　p. 61上左
六所神社・島根県教育委員会　　p. 83上

製図：曾根田栄夫

●—参考文献

石母田正『日本の古代国家』岩波書店, 1971年
井上光貞『日本古代国家の研究』岩波書店, 1965年
上田正昭『日本古代国家成立史の研究』青木書店, 1959年
宇治市教育委員会編『継体王朝の謎』河出書房新社, 1995年
大町健『日本古代の国家と在地首長制』校倉書房, 1986年
小田富士雄編『古代を考える　磐井の乱』吉川弘文館, 1991年
狩野久「部民制・国造制」『岩波講座日本通史』2巻, 岩波書店, 1993年
鎌田元一「評の成立と国造」『日本史研究』176号, 1977年
鎌田元一「部・屯倉・評」『新版 古代の日本』1, 角川書店, 1993年
川口勝康ほか『巨大古墳と倭の五王』青木書店, 1981年
岸俊男『日本古代文物の研究』塙書房, 1985年
熊谷公男『大王から天皇へ』講談社, 2001年
河内祥輔『古代政治史における天皇制の論理』吉川弘文館, 1986年
佐伯有清『日本古代の政治と社会』吉川弘文館, 1970年
佐伯有清編『古代を考える　雄略天皇とその時代』吉川弘文館, 1988年
坂元義種『古代東アジアの日本と朝鮮』吉川弘文館, 1978年
篠川賢『日本古代国造制の研究』吉川弘文館, 1996年
篠川賢『日本古代の王権と王統』吉川弘文館, 2001年
薗田香融『日本古代財政史の研究』塙書房, 1981年
藤間生大『倭の五王』岩波書店, 1968年
長山泰孝『古代国家と王権』吉川弘文館, 1992年
新野直吉『研究史　国造』吉川弘文館, 1974年
新野直吉『謎の国造』学生社, 1975年
西嶋定生『日本歴史の国際環境』東京大学出版会, 1985年
林屋辰三郎『古代国家の解体』東京大学出版会, 1955年
原島礼二『倭の五王とその前後』塙書房, 1970年
平野邦雄『大化前代政治過程の研究』吉川弘文館, 1985年
水野祐『増訂　日本古代王朝史論序説』小宮山書店, 1954年
溝口睦子『日本古代氏族系譜の成立』第一法規出版, 1982年
八木充『日本古代政治組織の研究』塙書房, 1986年
山尾幸久『日本国家の形成』岩波書店, 1977年
山尾幸久『日本古代王権形成史論』岩波書店, 1983年

日本史リブレット 5
大王《だいおう》と地方豪族《ちほうごうぞく》

2001年 9 月16日　1 版 1 刷　発行
2019年 9 月30日　1 版 8 刷　発行

著者：篠川《しのかわ》　賢《けん》

発行者：野澤伸平

発行所：株式会社 山川出版社
〒101－0047　東京都千代田区内神田 1 －13－13
電話　03(3293)8131(営業)
　　　03(3293)8135(編集)
https://www.yamakawa.co.jp/
振替　00120-9-43993

印刷所：明和印刷株式会社

製本所：株式会社ブロケード

装幀：菊地信義

Printed in Japan ISBN 978-4-634-54050-7

日本史リブレット　第Ⅰ期［68巻］・第Ⅱ期［33巻］　全101巻

1 旧石器時代の社会と文化
2 縄文の豊かさと限界
3 弥生の村
4 古墳とその時代
5 大王と地方豪族
6 藤原京の形成
7 古代都市平城京の世界
8 古代の地方官衙と社会
9 漢字文化の成り立ちと展開
10 平安京の暮らしと行政
11 蝦夷の地と古代国家
12 受領と地方社会
13 出雲国風土記と古代遺跡
14 東アジア世界と古代の日本
15 地下から出土した文字
16 古代・中世の女性と仏教
17 古代寺院の成立と展開
18 都市平泉の遺産
19 中世に国家はあったか
20 中世の家と性
21 武家の古都、鎌倉
22 中世の天皇観
23 環境歴史学とはなにか
24 武士と荘園支配
25 中世のみちと都市
26 戦国時代、村と町のかたち
27 破産者たちの中世
28 境界をまたぐ人びと
29 石造物が語る中世職能集団
30 中世の日記の世界
31 板碑と石塔の祈り
32 中世の神と仏
33 中世社会と現代
34 秀吉の朝鮮侵略
35 町屋と町並み
36 江戸幕府と朝廷
37 キリシタン禁制と民衆の宗教
38 慶安の触書は出されたか
39 近世村人のライフサイクル
40 都市大坂と非人
41 対馬からみた日朝関係
42 琉球の王権とグスク
43 琉球と日本・中国
44 描かれた近世都市
45 武家奉公人と労働社会
46 天文方と陰陽道
47 海の道、川の道
48 近世の三大改革
49 八州廻りと博徒
50 アイヌ民族の軌跡
51 錦絵を読む
52 草山の語る近世
53 21世紀の「江戸」
54 近代歌謡の軌跡
55 日本近代漫画の誕生
56 海を渡った日本人
57 近代日本とアイヌ社会
58 スポーツと政治
59 近代化の旗手、鉄道
60 情報化と国家・企業
61 民衆宗教と国家神道
62 日本社会保険の成立
63 歴史としての環境問題
64 近代日本の海外学術調査
65 戦争と知識人
66 現代日本と沖縄
67 新安保体制下の日米関係
68 戦後補償から考える日本とアジア
69 遺跡からみた古代の駅家
70 古代の日本と加耶
71 飛鳥の宮と寺
72 古代東国の石碑
73 律令制とはなにか
74 正倉院宝物の世界
75 日宋貿易と「硫黄の道」
76 荘園絵図が語る古代・中世
77 対馬と海峡の中世史
78 中世の書物と学問
79 史料としての猫絵
80 寺社と芸能の中世
81 一揆の世界と法
82 戦国時代の天皇
83 日本史のなかの戦国時代
84 兵と農の分離
85 江戸時代のお触れ
86 江戸時代の神社
87 大名屋敷と江戸遺跡
88 近世商人と市場
89 近世鉱山をささえた人びと
90 「資源繁殖の時代」と日本の漁業
91 江戸の浄瑠璃文化
92 江戸時代の老いと看取り
93 近世の淀川治水
94 日本民俗学の開拓者たち
95 軍用地と都市・民衆
96 感染症の近代史
97 陵墓と文化財の近代
98 徳富蘇峰と大日本言論報国会
99 労働力動員と強制連行
100 科学技術政策
101 占領・復興期の日米関係